新米建築士の教科書

NEW
ARCHITECT'S
TEXTBOOK

飯塚 豊
IIZUKA YUTAKA

はじめに

　この本を手に取ったみなさんは、設計の仕事をしているものの、日々何らかの不安を感じて悩んでいる方なのではないでしょうか。

　たとえば……

設計事務所に入ったが、模型ばかり作っている。大丈夫だろうか。

将来独立はできるだろうか。食っていけるのだろうか。

毎日施主の要望をこなすだけの仕事だが、これでよいのだろうか。

いつかは建築家と呼ばれる日がくるだろうか。

周りのみんなは優秀だけど、置いてゆかれないだろうか。

といった具合です。

003

不安を感じるのは当然です。おそらくみなさんは、どうすれば一人前の建築士になれるかを、体系的に一度も学習したことがないからです。困ったことに、有名建築家を輩出することが唯一の目的である大学では、実務で役立つことをほとんど教えません。また、現在の会社は、おそらく「設計は盗むもの、自ら学ぶもの」という方針でしょうから、今後も設計をきちんと教えてもらえる見込みはありません。このままだと、いつまでたっても不安は解消されません。

この本は、そんな不安を抱えたみなさんに向けて、自力で食っていける一人前の建築士になる方法を解説した、**みなさんのための教科書**です。

「建築士になるための勉強」は予備校にでも行けば可能です。でも、「建築士として食っていくための勉強」は、これまでテキストすら存在せず、学ぶ方法がありませんでした。ベテラン設計士は、実務の中で莫大な時間をかけて、それを学んできました。建築は責任ある仕事ですから、自力で学ぶ努力は絶対に必要だと思います。しかし、古き良き時代の根性論で、若者の成長をわざわざ阻害するのは馬鹿げています。若い建築士が、「食っていく方法」に敏感になれば、短期間で早く知識を身につけられ、今の職場でもっともっと活躍できます。きちんと体系的に教えた方が、事務所にとっても得だと思うのです。

小さな住宅であれば、「この一冊だけあれば困らない」というものを目指しました。小さな住宅を通して、面倒見のよい所長から、日々の作業の中で指導されそうな内容が、全部網羅されています。事例をあえて小さな住宅に絞ることで、本当に必要な基本をミニマムな流れの中で学べるようになっていますから、自分の所属する事務所が扱う建築の種類に関係なく、実務に必要な知識を身につけていけます。

また、記載された内容はすべて具体的で、明日から、toDoリスト、チェックリストとして使えます。

本の中では、プランニングメソッドだけでなく、日常的な仕事のこなし方から、調査、ヒアリング、設計、プレゼン、監理の具体的方法論まで、一流の設計事務所・工務店に勤めないかぎり絶対に身につかない、ありとあらゆる仕事術を詰め込みました。読むだけで設計がうまくなる秘伝のノウハウも入れました。

　内容はかなり専門的で、読むのにたぶん1週間くらいかかると思います。しかし、読むだけで、その後経験するであろう2～3年分くらいの知識を先取りできるし、独立を考えている若い設計者は、一人前の顔をすることができるようになると思います。新人研修用の教本としても使えば、教える手間が大幅に省けるので、設計事務所・工務店の経営者の方々にもご活用いただけます。

　大高正人さんというメタボリズムの巨匠の事務所で、都市や公共建築の設計に携わった経験。独立後10年で50軒以上の木造住宅を設計する中で身につけた経験。10回程度の短いエスキースで大学2年生に大人顔負けの図面を描かせることに成功している、法政大学構法スタジオの講師としての経験。建築系書物としてベストセラーとなっている「間取りの方程式」を執筆した経験。そんな私の経験から得た設計術のすべてを、この1冊に凝縮しました。

　この本をきっかけに、読者のみなさんが、「サラリーマン建築士」から、「プロの建築士」に変身し、社会のため、クライアントのために活躍することになれば、著者としてこれ以上の喜びはありません。

2017年　飯塚 豊

CONTENTS

はじめに   002

PART 1　スタッフ仕事編   008

CHAPTER 1　誰でもできる7つの成長習慣   010

「過去事例の収集」で知識を磨く   012

「30秒スケッチ」で考えを形にする力を磨く   024

「自宅を測り」寸法感覚を磨く   030

「大学で最初に習う公式を復習し」計算力を磨く   036

「1時間でできる模型」で設計力を磨く   040

「アクソメ・アイソメを活用し」3次元の画力を磨く   044

「街ぶら」で観察力を磨く   046

CHAPTER 2　「できる!」と思われる事務所仕事のこなし方   054

「もしも、自分が独立したら……」と考えながら仕事をする   056

所長、先輩から一流テクを盗みとる   058

一目置かれるためのホウ・レン・ソウ   062

一目置かれる電話とメールの使い分け方   066

効率のよいチーム設計を実現する7つのルールを知る   068

抜かりないスケジュール調整術   072

「7つの専門知識」を身につける   076

PART 2　本格お仕事編   082

CHAPTER 3　はじめての現地調査とお施主ヒアリング   084

敷地の概要はグーグルマップで8割把握できる   086

敷地調査ではあらゆるものの「高さ」を確認する   092

法律のことは「役所に電話」で8割解決する   100

何にどれだけお金がかかるかを知っておく   114

初訪問時は「測りまくり」「聞きまくり」   120

スクラップブックでお施主の本音を引き出す   124

CHAPTER 4	ワンランク上の設計を実現する 7つのシンプルルール	128
	ボリューム出しの決め手は「真四角＋シンプル」	130
	間取りの前に外観を決める	136
	開口部は「風孔」でなく「間戸」で作る	140
	広々とした空間は「スケルトン―インフィル」で作る	146
	骨組みや仕様は「ワンパターン」で作る	152
	間取りの決め手は「クローバー動線とたまり」	156
	第一印象は「色と素材」で8割決まる	160

CHAPTER 5	はじめてのプレゼン	166
	プレゼンはやり方を間違うと失敗する	168
	「コンセプト」はシンプルなマトリックスで伝える	172
	概要は「模型」で全部説明しきる	184
	図面は「手紙のように描き」要点だけを伝える	190
	材料仕様は現物を直に触って決めてもらう	210

CHAPTER 6	現場監理をスムーズに 行うための6つのポイント	218
	施工者はまず、金額以外の要素で選ぶ	220
	「数量拾い」がコスト調整の要	226
	現場監理の勘所	230
	トラブルの5割は誤発注	254
	祭事や諸手続きがスケジュールを左右する	258
	完成時に渡す建物の「トリセツ」	264

Staff Work

スタッフ仕事編

一流の建築士が日頃から「習慣」にしていることや、
事務所での仕事のこなし方、ヒアリングや事前調査の方法など、
設計事務所で仕事をする上で身につけておきたい「基本」をご説明します。

PART 1

PART1 スタッフ仕事編

CHAPTER 1

誰でもできる
7つの成長習慣

建築士として一人前になるために
身につけておきたい「習慣」をご紹介します。
プロの建築士になるためにどんな能力が必要で、
それをどう磨くべきか、その詳細をご説明します。

1. 「過去事例の収集」で知識を磨く

必要なのはセンスより「知識」

　皆さんは「センス」には自信がありますか？　設計の仕事をしているにも関わらず、そう聞かれたら「あまり自信がない」と答える人がほとんどじゃないでしょうか。

　でも、心配はいりません。**建築設計の分野では、デザイナーには不可欠な「美的センス」でさえ、「知識」でカバーできるからです。**

　建築設計には技術と芸術、両方の側面があります。技術的側面には、建築士の試験に出るような「工学的な専門知識」があれば対応できます。一方、芸術的側面には、「過去事例の知識」が役立ちます。優れた過去の建築の実例から解決策を引き出し、自分なりに応用することができれば、「天性のセンス」がなくても一向に困りません。明らかにセンスの問題と思われている、プロポーション感覚や色彩感覚でさえ、過去の事例の知識で補えるものなのです。

必要な能力はすべて「知識」でカバーできる

技術的側面	芸術的側面
工学的な専門知識でカバー	過去事例の知識でカバー

あらゆる課題を解決する過去事例

「風景、町並みに馴染む美しい外観にするには？」
「限られた面積でも広がりを感じさせるには？」
「厳しい法規制を逆手にとるには？」
「コスト内でそれを実現するには？」

　設計事務所で仕事を始めると頻繁に直面する、こうした課題を解決するとき役立つのは「過去の建築事例」の知識です。

　「誰々の、何とかという作品では、この問題をこうやって解いていた」「ウチの事務所では、いつもこのセオリーで格好よく見せている」といった過去事例の知識があればあるほど、設計のさまざまなシーンで正確な判断ができるようになります。

設計事務所で一番必要となるのは知識の蓄積

優れた建築家は過去事例マニア

「そうは言っても有名な建築家はセンスだけで仕事をしているような気がする……」と疑問に思われる方もいるかもしれません。でも、それは勘違いです。

名だたる建築家は間違いなく建築マニアだと言ってよいでしょう。彼らは膨大なビジュアルイメージを頭の中に蓄積しています。問題に直面すると、知識の中からたくさんの事例を選び出し、それを足がかりに自分の作品を生み出しているのです。センスだけを頼りに発想しているわけではありません。

たとえば、皆さんがよくご存じの建築家、安藤忠雄さんのことを考えてみましょう。彼は世界中を旅して、多くの古典建築、名作建築に接しています。また、ペレ、コルビュジェ、高橋靗一、鈴木恂といった先人達のコンクリート建築を徹底的に研究しています。そうした過去の事例をしっかりと自分の頭に叩き込んだ上で、多彩なコンクリートの表現を生み出しているのです。

過去事例を集める順番

過去の建築事例の知識の重要さは少しわかっていただけたと思いますが、一口に過去事例と言っても有名な古典建築から事務所が過去に設計した建築などさまざまです。そもそもどういった事例を集め、どのようにまとめるかは判断に迷ってしまうところではないでしょうか。

そんな方へ向けて、過去事例の収集順位とポイントを紹介します。目的を持って収集すれば、集めた事例をすぐに設計に活かせます。

実務に直結しやすい過去事例の収集順位

1位 「自分の事務所」の建築

自分の事務所の建築は理解が十分ですし、図面も写真もすぐに手に入ります。ベースの資料にもなるので、何はともあれ自分の事務所の過去の建築の中から、プロジェクトの機能、規模、テーマが似ているものを集めてください。

2位 「標準解」の建築

公共建築であれば、近隣自治体の建築を、住宅であれば、あえてハウスメーカーを調べてください。同規模同機能の「標準解」を知ることで、適正な面積配分や機能配列などが一気に整理されます。

3位 「地域」の建築

建築時期、機能、規模を問わず、敷地周辺の建築を調べると、その地域の気候風土への対応が明らかになります。観光マップに載っているような伝統建築はひととおり調べておくべきです。

4位 国内外の現代建築の「巨匠たち」の建築

大学の授業で習うような有名建築家の名作建築は、建築的に魅力があるだけでなく、課題解決の優れたアイデアを必ず持っています。調べるとプロジェクトのテーマが見つかることもあります。

5位 大型コンペで選ばれた「話題」の建築

大型コンペでは、そのビルディングタイプの最新の解き方を知ることができます。『Dezeen』や『ArchDaily』といった海外Webサイトにそうしたコンペで選ばれた作品が載ることがあるので、マメに目を通しておくとよいでしょう。

過去事例の見方

　ここで、ある住宅の設計に際して、私がどんなふうに事例を集めていくかを具体的に見ていきましょう。

過去事例の収集例

設計案件の特徴（敷地は埼玉県飯能市）

- 傾斜地で眺めがよい　→　❶
- 敷地規模は平坦で100坪　→　❷
- 建物用途は戸建て住宅で、日当たりがよい　→　❸
- 建物規模は30〜35坪程度　→　❸
- 道路付けは北西と北東　→　❹
- 施主はご夫婦、子供の予定あり　→　❺
- 将来親御さんと同居も検討　→　❺
- 昭和風住宅という要望　→　❺

　左ページのプロジェクトの特徴に沿って、右ページにあるいくつかの項目に注目しながら、過去事例に当たっていきました。

❶地域の気候風土や地形

　日本は北と南、海と山で気候風土に大きく差が出ます。周囲の建物を詳細に観察し、建築的な特徴を探ります。今回の敷地は東京よりやや寒いという程度ですが、緩い崖に面するので「眺望のよい建築事例」を集め、眺めの活かし方を研究したいところです。

❷敷地の特徴

　狭小であるとか、法規が厳しいなど、敷地にはさまざまな条件がついて回ります。同じ敷地はありませんから、敷地の条件は設計の際最も気にすべきものの1つです。今回、敷地は家を建てるには十分に広いので、「ほぼ平屋」のゆったりした住宅事例を集めるとよさそうです。そうすれば平屋ならではの課題が見えてくるはずです。

❸建物のビルディングタイプ、規模

　ビルディングタイプは住宅です。住宅では、たとえば省エネ・エコは重要なテーマの1つです。今回の敷地は日当たりがよいので、太陽光を活かしたパッシブ住宅の事例を探すとよいかもしれません。

❹道路付け、アクセス方向（特に住宅の場合）

　住宅の場合、道路付け、アクセス方向は間取りに大きく影響を及ぼします。ほぼ平屋だとすると、どんな間取りになるか、実例を見て研究したいところです。

❺クライアントの特徴、要望

　特殊な趣味や、家族数の多寡等の特徴が、建築の作り方に影響します。今回のプロジェクトでは、家族の増加にどう対応するかが求められています。また、「昭和風」というイメージをいただいたので、昭和風住宅のイメージも調べる必要がありそうです。

こうして注目した特徴から、それぞれの項目について次のような過去事例が集められました。

集まった過去事例

❶眺めのよい傾斜地に建つ住宅の事例です。家の中で最も眺めのよい2階部分にLDKを配置、大きな開口部で、風景を切りとっています。複数のサッシを組み合わせて1つの大きな開口部とする手法、窓際を一段上げて、縁側状に設える手法なども設計のヒントにできそうです。

❷縁側の上に軒を出したほぼ平屋の事例です。傾斜地の眺めは上階ほどよいので、ほぼ平屋の場合でも、こんなふうに部分2階を作ると楽しいかもしれません。平屋は家の中央が暗くなりがちなので、2階の大きな窓から光を落とす手法も参考にできそうです。

❺有名建築家の優れた事例はアイデアの宝庫です。長方形平面で切妻にする場合、短い方の辺を妻面にするのが普通ですが、江戸東京たてもの園に建つ、前川國男自邸は、あえて長辺方向に妻面を見せ、軒は低くおさえています。ほぼ平屋や昭和風という今回の条件にもピッタリ当てはまりそうです。

❸日当たりのよい敷地に建つエコ住宅の事例です。庭側間口3mの開口は、冬場は集熱面として機能します。冬期間の日射量を増やすため、あえてLOW-E複層ガラスとせず、フロートガラスの複層ガラスを採用しています。自社案件なら写真や図面だけではわからない、温熱環境も参考にできます。

❹道路付けが北側の事例です。北側は水回りや階段室の窓などの小さな窓が並ぶことが多いのですが、この事例では、あえて北側に大型のサッシを設けています。このアイデアを採用できるかどうかはわかりませんが、事例は「あえて〜したらどうなるだろう」と、別案を考えるきっかけになります。

● 過去事例（図面）のまとめ方

　過去事例の図面は、ただ「調べ」「見る」だけでなく、プリントアウトしてクリアファイルなどに「まとめる」ことが大切です。その際、自分の事務所のCAD図面でも本や雑誌の図面でも、同一スケールにコピーしておくことを忘れずに。案の比較が簡単にできる、図面集をかたわらにおいて作業すれば、新米建築士にありがちな「スケール感の間違ったリアリティのない図面」を描いてしまうことはなくなります。

過去事例（図面）はクリアファイルにまとめる

● 過去事例（図面）にコメントを残して保存する

　過去事例の図面集ができたらそれを詳細に眺めてみてください。あなたがピックアップしたのは、直感的によいと思った事例のはずです。そのよさを感じた部分はなんでしょうか？　どこがどう素晴らしいのでしょうか？　それを一度言葉にし、コメントとして書き留めておくと自分のやりたいことが見えてきます。

　また、原案を一度「言葉」にしてから引用すれば、デザインの丸写し、すなわちパクリにもなりません。

過去事例（図面：p18 ❷の建物）へのコメント例

平塚　K邸

敷地面積　425.86㎡（129.04坪）
建築面積　106.74㎡（32.34坪）
延べ面積　117.20㎡（35.51坪）
1階床面積　91.61㎡（27.76坪）
2階床面積　25.59㎡（7.74坪）
ロフト面積　8.69㎡（2.63坪）
最高高さ　6.9m

眞北　14

2Fは北下りの片流れ

立面のアクセントになるFIXの大窓口

片流れの高いちをロフトで利用

子供室

ロフト

南下りの片流れ屋根

3.640　4.550

6.170

平屋は家の中央が暗くなりがち。部分2Fを設け吹抜けに光を落としている。

施主は高齢の夫婦なのでバリアフリーを意識。玄関まではスロープでアクセス

納戸

和室2

浴室

脱衣室

台所

1.620

玄関

ホール

和室1

中庭

居間・食堂

縁側部のサッシを集熱面として利用

7.280　8.900

4.550　3.640　5.460
13.650

低い軒と縁側空間の作りちが参考になる。

CHAPTER 1　誰でもできる7つの成長習慣

● 過去事例（写真）のまとめ方

　図面だけでなくWebサイトからひろってきた有名建築の写真などについては1か所のフォルダに保管、「昭和風住宅事例01.前川邸」といった具合に、**収集した理由がわかる名前をつけて一覧で眺められるようにしておくとよいでしょう。**

　写真も図面同様、簡単なコメントを残しておくとベターです。フォトショップなどで写真にコメントを書きこむのは面倒なので、Evernoteに集めた画像を貼って、文字情報を足す形がお勧めです。

過去事例（写真）はEvernoteにコメントと一緒に保管する

【コメント例（図面：p18 ❷の建物）】
縁側の上に軒を出したほぼ平屋の事例。傾斜地の眺めは上階ほどよいので、ほぼ平屋の場合でも、こんなふうに部分2階を作ると楽しいかも。平屋は家の中央が暗くなりがちなので、2階の大きな窓から光を落とす手法も参考にできる。浦和O邸の立面と平塚K邸の縁側が合体したような立面はどうか？

過去事例(写真)はEvernoteにコメントと一緒に保管する

【コメント例(図面:p18 ❶の建物)】
眺めのよい傾斜地に建つ住宅の事例。家の中で最も眺めのよい2階部分にLDKを配置、大きな開口部で、風景を切りとっている。複数のサッシを組み合わせて1つの大きな開口部とする手法、窓際を一段上げて、縁側状に設える手法なども設計のヒントにできそう。

2. 「30秒スケッチ」で 考えを形にする力を磨く

アイデアを形にするためにスケッチを使う

アイデアを具体的な形に「まとめる」とき、スケッチを描くのは一番よい方法です。言葉でひねったコンセプトも、スケッチで形にすれば、イメージがはっきり具体化してくるからです。

これはアイデアを「伝える」ときも同じです。実際にクライアントの前でよいアイデアを思いついたとき、現場監督などに具体的な指示を出したいとき、「僕のやりたいことはもっとライトな印象を持たせたくて……」などと言葉だけで伝えようとしても相手にはなかなか伝わりません。こうしたときはサッとスケッチを描き、それを見せるのが一番です。

絵を描くということに苦手意識を持っている若い方は多いと思いますが、**大事なのは「絵の上手い下手」ではなく、「伝わるかどうか」です**。「スケッチは伝えるためのツール」というふうに考えれば、少し気を抜いて描けるようになるのではないでしょうか。

30秒スケッチなら始められる

どんな場合でも自分の考えをCAD化したり、Sketch Upで描き始める前に、必ず30秒でスケッチする習慣をつけましょう（スケッチをすることに抵抗を覚えてしまう人が苦にならないよう、あえて時間を極端に短く設定してみました）。

30秒ですから当然粗いものしか描けませんが、むしろそれがよいのです。時間を切って描けることを制限すれば、アイデアの要点が抽出され、アイデアはより相手に伝わりやすくなります。反対にCADやSketch Upだと、いくらでも描きこめてしまうので、ディテールに目がいきがちです。全体の骨格ができていないうちから細部を細かく描くと、それが1つの制約となって、アイデアの要素がぼやけてしまうこともあるからです。

30秒スケッチを習慣にすることで、「全体を俯瞰して大事な要点を伝える」という習慣が自然と身につきます。30秒スケッチは、どこでもいつでも描けます。ありあわせの紙で構いませんから、スケッチは「思いついたとき」に描いてください。そして、なくさないように、スマホで写真を撮って、Evernoteに保存するか、自分宛てに写メールを送っておきます。

いつでもどこでもスケッチをする習慣をつける

30秒でサッと考えを形にしてみる

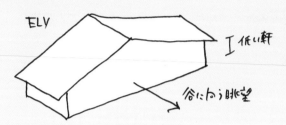

考え
軒の低さと眺望を
両立する長辺を
妻面とする平屋。
家のどこからも眺望がよい。

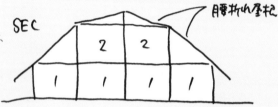

考え
純粋平屋はコストがかかるので、
妻面間口中央を部分2階に。
切妻でなく腰折れ屋根で、
全体の高さをおさえる。

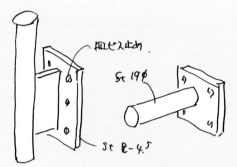

考え
眺望を活かすため、
目障りになりがちな手すりは
細いスチール丸鋼で製作。
端部はプレートをつけ、
ビス止めできるディテールに。

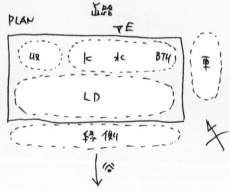

考え
眺望のよい谷側に
LDをまとめ縁側を作る。
水回りは集約。
動線は中央に集めるべく
玄関や階段は中央に。

記憶ツールとしてスケッチを使ってみる

　30秒スケッチを続けると、だんだんと絵を描くということに楽しみを覚えられるようにはずです。そうして絵を描くことに慣れてきたら、**記憶ツールとしてもスケッチを使うようにするとよいでしょう。**旅行へ行く際、自分が昔から好きだった建築を見に行く際、時間がかかってもよいのでスケッチを描いてみましょう。

　遠藤勝勧さん、妹尾河童さん、浦一也さんなどのスケッチの名手の本を目標にして、普段から手を動かす癖をつければ、少しずつステップアップしながらうまいスケッチを描けるようになります。

　スケッチしながら観察すると、さまざまな発見がありますし、記憶に残ります。次のスケッチは堀口捨己さんの和風住宅を本の写真を見ながら描いたものです。高さのリズムや床の間の照明に注目しています。

記憶ツールとしてスケッチを使う①　本の写真を見ながら

本・雑誌でも街中でも気になる設計があればメモがわりに簡単なスケッチを残すとよいでしょう。このスケッチのテーマは目地割り。

よく観察すれば、芋目地、馬目地以外にもこんな割り方があることに気づくのです。

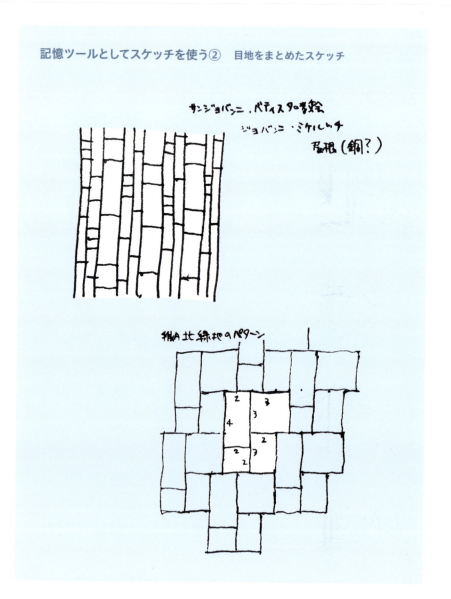

電車の中などで、ふっと建築のアイデアが沸くことがあります。そんなときは忘れないようにスケッチを残しておきましょう。スマホに手描きお絵かきアプリを入れておけば、ペンや紙がなくてもすぐに描けるので便利です。

記憶ツールとしてスケッチを使う③　電車の中でのスケッチ

手描きで描いたもの

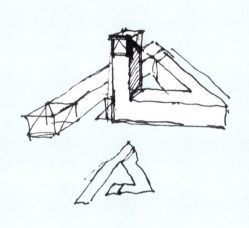
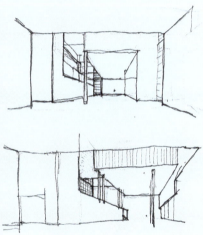

スマホアプリで描いたもの

3. 「自宅を測り」寸法感覚を磨く

寸法は建築設計における行儀作法

　学生にソラで図面を描かせると、カニ歩きしないと通れない廊下や、人がそこで生活できそうなトイレなど、不思議な図面を描いてくることがあります。**寸法の知識というのは、建築設計における行儀作法のようなものです。**勉強をサボっていると大恥をかいてしまうこともあるので、できるかぎり若いうちに身につけてください。

　寸法は使い勝手に直結するので、平面寸法だけでなく、高さ寸法も頭に入れておきましょう。

- 椅子の高さは400 ～ 450mm程度
- テーブルは 椅子の高さ＋300mm程度
- キッチン天板の高さは 身長/2＋50 ～ 100mmが目安
- 開きドアの幅は、最低550mm、最大950mm幅
- 階段一段の高さは150 ～ 220mm程度
- 窓枠の見付寸法は12 ～ 36mm程度

　上記のような寸法の常識と、その事務所の流儀が頭に入っていれば、上司に確認することなくすぐ図面を描き始められます。

家で測りまくる

寸法を覚えるには実測が一番です。**まず手始めに自分の家を測ってみてください**。建築のアイテムはどんな家でも大差ないので、マンションでも戸建てでも問題ありません。家中の寸法を測り、1/20くらいのサイズで平面図や展開図を描いてみましょう。

測るときは、部屋の輪郭 → 部屋の大きな凹凸（下図ならユニットバス）→ 柱型 → 開口部 → 家具 → 備品という順番で、測っていきます。1つ測るごとに三角スケール片手に図面化し、忘れないように寸法を明記してください。

窓枠は見付寸法、見込寸法、ちり寸法（2つの面の微細な寸法差）もきちんとおさえてください。動作寸法把握のため、家具や機器も描いてみてください。

次の図は私の事務所を測り、平面図にしたものです。

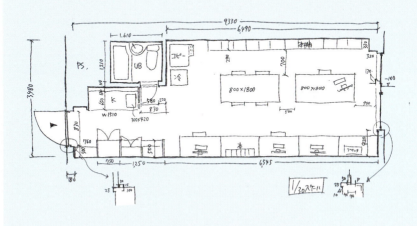

実測平面図の例

● 家の外でも測りまくる

家の外でも計測する習慣をつけましょう。ちょっと登りやすい階段があったら測ってみる、落ちつくスペースがあったら測ってみる、レストランでも駅でもビルでも学校でも、あらゆるものを測ってみてください。

特にホテルは寸法をゆっくり測っても怒られません。感じのよいホテルに泊まったら、いろいろな寸法を測ってみましょう。これらも自宅と同じように、1/20 くらいで図面にしてみるとよいでしょう。

また、名建築見学の際は、原寸レベルで建築のディテールを観察することも大切です。

こうして自分で測った寸法を記憶しておくことで、自然と寸法感覚が身についてきます。

外で測るべきところ

- 登りやすい階段
- 過不足ないトイレ
- 美しい手すり
- 使いやすいドア
- 高揚感・圧迫感を感じる天井高
- 居心地がよい客席
- 使いやすい家具
- 道路の幅と周辺建物の高さの関係
- その他有名建築のいろいろ

いつでも、どこでも測りまくる

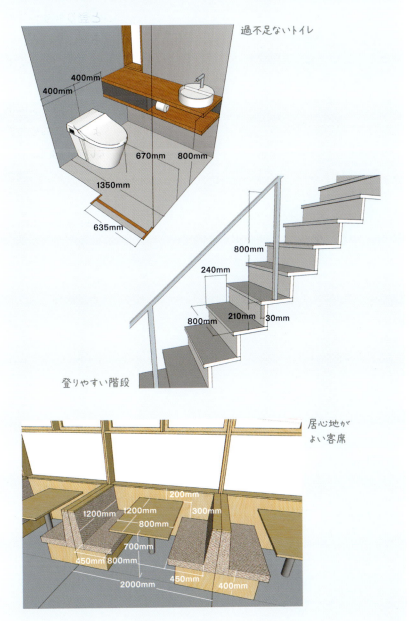

計測のための道具

　ここで計測するための道具についてまとめておきましょう。コンベックス（メジャー）はいつもかばんに入れておきましょう。3mを超える距離を測る場合は、レーザー距離計も便利です。

　コンベックスを忘れたときには、身体尺で記録します。指を広げたときの寸法、腕の寸法、大股一歩の寸法など、自分の身体尺はできるだけ頭に入れておきましょう（私は覚えきれないのでEvernoteに記録してあります）。

寸法の計測に使う道具

● **コンベックス（メジャー）**

最も一般的な計測道具です。寸法を覚えるための計測に使うなら、コンベックスだけで十分です。ストッパーがついているタイプがお勧めです。

● **三角スケール**

実測図を作成するときや、図面寸法を現地確認するときに必要です。15cmのタイプのものを常時携帯していれば、いざというときに役立ちます。

● **差し金**

建築現場で大工さんが使っています。ミリと寸両方で測れます。

● **金尺**

コンベックスでは測りづらい30cm以下の寸法を測るときに便利です。

覚えておくべき身体尺

指を広げたときの寸法

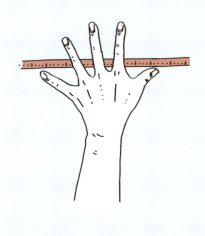

腕の寸法

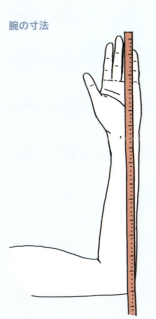

大股一歩の寸法

4. 「大学で最初に 習う公式を復習し」 計算力を磨く

計算力は設計の技術面を支える

　理系の大学生でも計算が苦手という人は意外と多いようですが、**設計の実務では計算が欠かせません**。構造、設備、積算、確認申請など、技術分野では「図面作り」ではなく、「計算」がメインの作業となります。意匠分野でも、リアリティのある図面を描くには、常に技術の裏付けが必要になるので、やはり計算は必要です。したがって、意匠設計者でも計算に長けていれば、それだけでライバルに差がつけられます。

　意匠設計者が頭に入れておくべき計算には次のようなものがあります。小学校算数レベルの四則計算と三角関数、それと基本公式がわかっていれば十分間に合います。

- **法規**　　　　面積、斜線、日影、天空率などの計算
  　　　　　　　換気、採光、排煙などの計算
- **4号木造**　　壁量計算、4分割法、床倍率計算、N値計算
- **構造**　　　　梁断面の決定の計算、ガラス耐風圧の計算
- **断熱省エネ**　断熱性能や熱損失係数などの計算
  　　　　　　　設備の省エネ計算、内部結露の計算
- **設備**　　　　樋断面の計算
- **建築積算**　　数量拾い、積算

使えるようにしておくべき算数

しかし、いきなり全部の計算に精通するのも難しいでしょうから、**まずは小中学校で習う三角形の公式と、大学の構造の授業で最初に習う公式を思い出してください**。そして、RCや鉄骨の大型物件しかやらない設計事務所勤務であっても、一般常識として木造の壁量計算、4分割法は必ず計算できるようにしておいてください。

これだけは覚えておきたい公式や定数

三角関数・ピタゴラスの定理

法規の各種斜線の検討や、勾配屋根の検討で必要になります。三角関数は「斜辺分の底辺がコサイン」といったルールがわかり、関数電卓が叩ければ基本的に問題ありません。

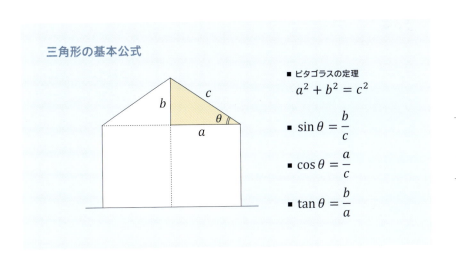

三角形の基本公式

- ピタゴラスの定理
  $a^2 + b^2 = c^2$
- $\sin\theta = \dfrac{b}{c}$
- $\cos\theta = \dfrac{a}{c}$
- $\tan\theta = \dfrac{b}{a}$

壁量計算・4分割法の計算

壁量計算や4分割法は建築基準法で定められた、簡易な構造検討のルールです。雑誌「建築知識」や「確認申請メモ」などで勉強しましょう。

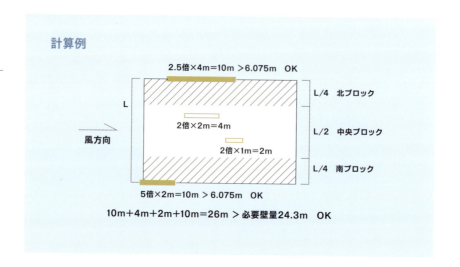

計算例

長方形断面の断面係数・断面2次モーメント

構造は大学で習った初歩の初歩の知識が一番役立ちます。断面係数、断面2次モーメントの公式は暗記してください。数値が梁せい（h）の何乗に比例するかは必ず覚えておいてください。

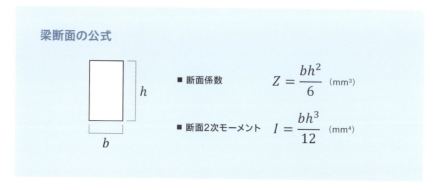

梁断面の公式

- 断面係数　　　　　　$Z = \dfrac{bh^2}{6}$ (mm³)
- 断面2次モーメント　$I = \dfrac{bh^3}{12}$ (mm⁴)

単純梁（等分布荷重）のたわみの公式

梁断面を決めるときに使います。やや複雑な式ですが、木造では曲げやせん断ではなくたわみで断面が決まることが多いので、たわみの式をまず覚えてください。少なくとも、たわみがスパンの4乗に比例するということだけは頭に入れておいてください。

たわみの公式

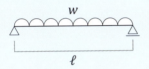

■ 最大たわみ　$\delta = \dfrac{5w\ell^4}{384EI}$

δ：最大たわみ(mm)
w：等分布荷重(kg/mm)
E：ヤング係数(kg/mm²)
I：断面2次モーメント(mm⁴)
ℓ：スパン(mm)

　木造住宅の場合、こうした公式や計算をしっかりと頭に入れておけば、構造事務所に相談せずとも、構造は操れるようになるので、実現可能なデザインのバリエーションが一気に広がります。そもそも、計算は機械的にやればよいだけなのでセンスは必要ありません。デザインに自信のない人は特に、デザインする前に計算で当たりをつける癖をつけてください。

5. 「1時間でできる模型」で設計力を磨く

建築を3次元でとらえる力を鍛える

　建築は3次元のものですから、図面やスケッチなど2次元のもので考えるのは限界があります。そこで登場するのが模型です。模型を作れば、内部外部はいっぺんに表現できます。1枚の図面では表現できない隣り合う要素の関係も一瞬で把握することができます。建物の中を歩きまわる疑似体験をすることも可能です。

　模型を観察すればさまざまな気づきが得られます。クライアントや他のスタッフとイメージを共有したいとき、次のステップを踏み出す構想を練るとき、これほどよいツールはありません。

　模型を作ると時間と労力がかかる印象がありますが、次に紹介する1時間でできる模型なら作るのも簡単ですので、案が浮かんだらどんどん模型にする習慣をつけましょう。普段からラフ模型によってアイデアを具体化する練習をしていれば、設計力は徐々に磨かれていくはずです。

1時間でできる模型

1時間でできる模型の作り方

1. 材料の用意
短時間で模型を作るには、取り扱いが簡単な素材を使うのがよいでしょう。軽くてカッターで切りやすい、スチレンボードや段ボールが一番手軽です。

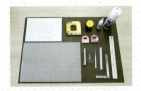

2. 図面の用意
全くゼロから作るのは大変ですから、ガイドとなるラフ図面（平面、立面など）があった方がよいと思います。寸法がきちんとおさえてあれば、スケッチでも構いません。

3. 輪郭を作る
方向性が決まったら、外側の屋根と壁の輪郭を一気に作ってください。ここでの要点は、間取りや細部などにとらわれずに作ること。置かれた環境にふさわしい外観を考えてください。

4. 床を作る
必要に応じて床を追加します。3でできた輪郭の中に、床高天井高などをイメージしながら床を足していきます。

5. 窓を開ける
積極的に窓を開けたい部分はどこでしょうか？光の入り方や内部からの見え方を考えながら、壁面、屋根面を適宜くり抜いてみてください。

6. 写真を撮る
ラフな模型は壊れやすいので、完成したら必ず写真を撮っておいてください。完成したらつまらなくなったということもあるので、途中段階の写真も撮っておくとよいでしょう。

模型を作ったあとで確認すること

模型を作ったらまず、次のことを確認するようにしましょう。

1. 設計コンセプトをうまく表現できているか

まず確認したいのは、その模型が「設計のテーマ・コンセプトをうまく表現できているかどうか」です。たとえば「庭に開く家」というコンセプトなら、どんなふうに開いているか、なぜその方法が有効なのかが伝わってこなければNGです。

2. アイレベルを意識して さまざまな角度から見る

たくさんのことに気づくためには、眺め方の工夫も必要です。上から俯瞰するだけでなく、アイレベルを意識して、しゃがんで横から覗きこんでみましょう。人の目線で見れば、歩行者から見た外観や、空間に入ったときの感覚というものをイメージすることができます。

3. 人や車を入れてみる

模型のスケールを把握するには、大きさの基準となる人を入れてみるとよいでしょう。黒い紙で作った人の型紙を置くのが一般的ですが、縮小コピーした写真や、精巧なフィギュアを置いた方がスケールをつかみやすいと思います。

4. 光を入れてみる

図面やCGでは感じとりにくい、「光の入り方」がわかるというのも模型のメリットです。太陽にかざしたり、懐中電灯で光を入れて、どういうふうに光が入っているかを観察してみてください。

5. 部材の抜けや間違いをチェックする

模型を作ると、部材の抜けや間違いを発見できます。たとえば、床伏図（床組の構造部材のサイズと配置を示した平面図）と軸組図（通り芯ごとの構造部材を示す断面図）の食い違いは、軸組模型を作れば一発で気づきます。そもそも、ある特定の通り芯上に柱梁がどう配置されているかは、骨組みを立体的に考えてからでないと描けないものです。新米建築士は、模型を作ってから図面を描いた方が時間節約になるかもしれません。

6. 模型を揺する

また、軸組模型を見れば立体的な力の流れを視覚的に把握することもできます。模型を揺すってみれば、どこが弱いかも確認できます。

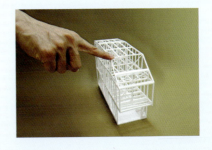

6. 「アクソメ・アイソメを活用し」3次元の画力を磨く

3次元をどう描くか

　30秒スケッチのところでも触れましたが、デザイン力が問われる分野にも関わらず絵が苦手という人が多いのが建築の世界です。設計内容をすべて模型で表現できればそれに越したことはないのですが、通常は実施設計段階に入ると、模型を作っている時間はなかなかとれません。

　しかし、実施設計や現場監理では、2次元の図面をなんらかの形で3次元的に表現しないと、伝わらない場面があります。たとえば家具です。面の出っ張り・引込み具合、材の勝ち負け、木目の方向、その他、非常に細々としたことを伝えようとすると、どうしても立体の絵にしないと理解しづらいのです。とはいえ、絵が苦手な人がパースでそれを伝えようとすると、かえって受け手を混乱させることがあります。

アクソメ・アイソメを活用する

　そんなときに活躍するのが、アクソノメトリックやアイソメトリックと呼ばれる表記法です。

　描き方のルールは単純。XYZ 3つの軸方向を設定し、①軸方向の線分は常に平行、②軸方向の線分の長さは実長、というルールで作図するだけです。

　具体的には次のように描いていきます。

アイソメ風に1m角の立方体を描く

　Z軸は必ず鉛直方向にとってください。X軸Y軸は120度のラインから多少外れていても構いません。

　アイソメ図内では、3次元上で平行な線は絵の中でも平行になります。下図でいえば辺X1とX2とX3、辺Y1とY2とY3、辺Z1、Z2、Z3はそれぞれ軸に平行になります。また、アイソメ図内では軸と平行な線の長さは、どれも実長になりますので、スケール1/10なら各辺は10cmで作図してください。これで立方体が完成します。

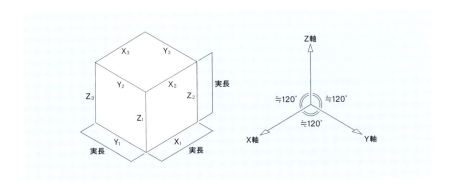

　アクソメ・アイソメは一種の図面ですから、正確に3次元の見取り図を描けます。この方法であれば絵というよりは、図面を描く延長として3次元の構成を描いていくことができます。安野光雅さんの「旅の絵本」や、山口晃さんの一連の作品は、この作図法で描かれています。

　材料の取り合いなどを示す絵はアクソメ・アイソメで描くと一番理解しやすいです。所内でディテールの打ち合わせ用のスケッチとしても一番重宝するはずです。パースの場合、手前の風景をどこまで描くか（＝画角）を決めないと描き始められないのですが、アクソメ・アイソメは奥行方向の量は変化しないので、どこからでも描き始められます。必要な部分だけ描いたり、途中を省略したりしても絵として成立します。パースが描けない人でも、まずはアクソメ・アイソメの練習から始めてみましょう。

7. 「街ぶら」で観察力を磨く

街中の建物を設計事例として見る

　最後に習慣として身につけておきたいのは、建築を見る姿勢です。街中の建築は、「たてもの」としてぼーっと眺めるのではなく、誰かが設計した「建築物」として意識して観察してください。よいもの悪いもの、両方ありますが「建築物」として意識すれば、街中の建築が全部、設計事例に変わります。

　また、インターネットを見るのと、現物を見るのとでは、受けとる情報量が全く異なります。考えている暇があったら、設計事例をすぐ体験しにいくというのは新米建築士が身につけたい習慣の1つです。住宅を設計しているのなら、モデルハウスやオープンハウスに行ってみましょう。商業施設を設計しているなら、お店に行ってみましょう。フットワークのよさは、設計のうまさに直結します。

街に出たら何をどう見るか

　街に出たら3つの異なる「ものさし」で建築を眺めるとよいと思います。

　まずマクロの視点で建築物を取り巻く周囲の環境を眺めてみましょう。その環境には、どんな魅力があり、どんな問題点があるでしょうか。プラスマイナスの両面から環境を考えてみてください。

　次に建築物をミクロの視点で詳細に眺めてください。どんな素材をどんなふうに組み合わせて作られているでしょうか。そしてどんなふうに利用者に使われているでしょうか。よく観察してみてください。

最後に街と建築の関係を見てください。建築は街に対してどんなふうに働きかけているでしょうか。街は建築にどんな影響を及ぼしているでしょうか？　調べてみてください。

このように①マクロな視点での環境（または都市）、②ミクロな視点での建築、③その間の関係、という3つの視点を意識すれば、「建築物の意味や価値」というものが浮き彫りになるはずです。

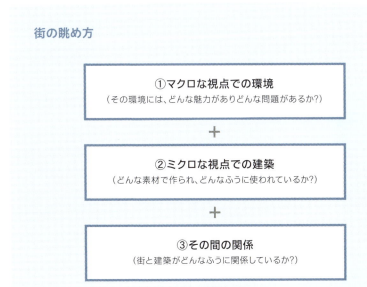

それでは、実際に街を眺めてみましょう。ここでは川越旧市街を見てみます。

①マクロの視点で環境を見る

この街の「魅力と問題点」はそれぞれ何でしょうか？ 街そのものに注目すると、大通りに沿って、重厚な蔵造りの家々が並び、独特な雰囲気を作っています。電柱は地中化されて、スッキリしています。これは他の街とは異なる街の魅力です。

一方、通りは比較的車の交通量が多く、歩行者が守られていません。それが、この街の最大の問題点です。

②ミクロの視点で建築を見る

各々の建築に目を向けると屋根は切妻、瓦屋根で平入り（切妻で軒方向からアクセスする形式）。漆喰壁は白も黒もあります。意匠は結

①川越旧市街の街並み

構バラバラで統一感はそんなにとれていないのですが、かえってそれが面白いリズムになっています。

③マクロとミクロの関係を見る

街と建築の関係に注目すると、どの建築も1階は間口の広い店舗になっています。各店舗は大通りの人々を引きこむような作りになっていて、街のにぎわいを作り出しています。

この街は建物それぞれが全体の骨格の強化に寄与しており、全体として魅力的な街が作られています。もし、この一角に建築物を建てるとしたら、屋根形状、素材、人を引きこむ設え、どれをとっても周囲の建て方を踏襲する以外の選択肢はありません。

こんなふうに、マクロ → ミクロ → その間の関係という順番に眺めれば、建築物に対する理解が深まります。

②川越旧市街の屋根と漆喰壁

③川越旧市街の1階間口

● ミクロの視点を掘り下げてみる

さきほどご紹介した②のミクロな視点で建築を見るときには、**その建築を構成する各要素の「ディテール」を、「形の意味」と「作り方」を想像しながら観察すると、さらに多くの発見があります。**

たとえば、下記のエアコンのガラリならこんな具合です。

形の意味を考えながら観察すれば、「目の粗いガラリで目隠しをしているのは家庭用壁かけエアコンの抵抗にならないようにするためだろう。エアコンのフィルター掃除をするには、ガラリを取り外す必要があるから、ガラリは袖壁とは別パーツになっているのではないか」などと想像できます。

オープンハウスで見かけたエアコンのガラリ

作り方を考えながら観察すれば、「ガラリを外すと袖壁はプラプラになるから、袖壁は外壁の中に飲みこんでいそう。袖壁とガラリの取り外し可能なディテールには、キャッチなどに工夫がありそう」などと推測できます。

こんなふうに形の意味と作り方を想像しながら、詳細に眺めれば、より多くのことを発見することができるので、建築に対する理解が深まります。

ミクロ視点の掘り下げ方
エアコンガラリの形の意味と作り方を考える

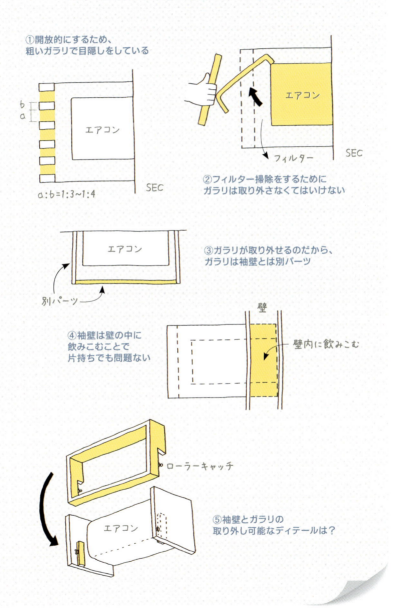

自分だったらどう作るかを考える

建築の理解を深めるテクニックをもう1つ書いておきましょう。**それは、「自分がその建築物の設計者だったらどうするかを考えてみる」というものです。**散歩しながら、食事をしながら、目にする建築を頭の中でかたっぱしから設計してみるのです。と言ってもゼロから考える必要はありません。目にした建築物にほんの少し手を入れて魅力的にする、最小限のリノベーション方法を考えればよいだけです。

そうして設計者の立場になって考えてみれば、現実に建っている建物の良し悪しも、しだいに判断できるようになります。頭の中で設計してから、建築雑誌などで実際の設計者の設計主旨を読んでみるのもよいでしょう。設計のコンセプトが魅力的かどうか、コンセプトと現実の建築が一致しているかどうかを確認するとコンセプトを立てるときの練習にもなります。

公共施設や物販・飲食店では「人」を見る

街に出てもう1つ注目したいのは「人」です。雑誌やネットの建築写真の多くは人が写っていないことが多く、どんな使われ方をしているかいまひとつ想像しにくいはずです。人はどんなふうに動き、どんなふうに滞留するのか。公共施設や物販・飲食店などを利用する機会があるときは、**そうした人の動きをじっくり観察すると得るものが多いはずです。**実際利用してみれば、その場所は居心地がよいのか悪いのかがすぐわかります。そして、その快適不快を生み出している理由がなんなのかを考えてみてください。

● 建築専門のギャラリーや建築村は定期的に訪れる

　単に街を歩くだけでなく、**普段から美術館に通う、映画を見るなど多方面の芸術に接する機会を作ることは大切です。**少なくとも建築専門のギャラリーには、定期的に訪れましょう。「GAギャラリー」や「ギャラリー間」では、新米建築士必見の企画展が常時開催されています。

　また、前川國男自邸が建っている「江戸東京たてもの園」、さまざまな時代の民家が立ち並ぶ「日本民家園」、フランクロドライトの旧帝国ホテルが建っている犬山の「明治村」は、実物大の建築が集められています。機会があれば必ず訪れたいスポットの1つです。

　日々、建築の実務に追われていると、作業にのめり込んで視野が狭くなってしまいがちです。こうして息抜きついでに、本物の建築に接すれば、いつも新鮮な気持ちで設計に取りくめるのではないでしょうか。

行っておきたい建築スポット

- GAギャラリー
- ギャラリー間
- 江戸東京たてもの園
- 明治村
- 川崎市立日本民家園
- 代官山ヒルサイドテラスの建築群
- 国立代々木競技場や表参道の建築群

明治村（帝国ホテル中央玄関 F・Lライト設計）

PART1 スタッフ仕事編

CHAPTER 2

「できる!」と思われる
事務所仕事のこなし方

このChapterでは、事務所仕事のノウハウについてご紹介します。
もちろん最初は雑務に近いことから始めることになるのですが、
どのような姿勢で仕事にあたればより多くのことを
楽しみながら吸収できるのか。また、どのように振る舞えば
所長から一目置かれるようになるのかをご説明したいと思います。

1. 「もしも、自分が 独立したら……」と 考えながら仕事をする

独立したときに自分でやること

　設計事務所に入っていきなり設計を任されるということはまずありません。はじめは、資料収集、条件整理、計算、申請など、手間と時間のかかる仕事をこなしていくことになります。こういった、**あまり楽しくない雑務を所長や上司からふられたときは、「独立後の自分」をイメージすると、その仕事に前向きに取りくめるようになります。**

　独立したら、一連の設計はもちろん、住宅ローンを含む資金計画のアドバイス、土地購入の相談などのコンサルティング、事務所のスペースの確保、コピー機の手配、契約書の作成、役所のヒアリングといった事務作業まで、全部自分で片づけなくてはなりません。

　デザイン部分だけに注目してみても、上司の指示を仰いでいればよい世界ではなくなります。クライアントからは、どんなことでも知っている人というふうに見られます。前の事務所で「プランニング」は所長や上司ががやっていたなどとは口が裂けても言えません。設計の技術も完全に身につけておく必要が出てきます。

　したがって、**独立を意識した途端、設計から雑務に至るまでのあらゆる作業が「面倒な作業」ではなく、「身につける必要のある作業」に変わります。**

独立したらやらなくてはいけないあれこれ

一連の設計

資金計画のアドバイス

役所の電話ヒアリング

etc...

　カタログ整理の雑務を例にとって考えてみましょう。こうしたクリエイティビティの低い仕事は「嫌だな」と思う人が多いはずです。私も修行時代、このカタログ整理が大嫌いでした。でも、メーカーに電話をしたり、営業を呼んで話を聞いたりしながらカタログ集めをしていると、材料に関する知識が身についてきます。「今回は、あの金物を使えるかも」などと考えられるようになったあとは、カタログ収集は、むしろ楽しめる作業に変わりました。事務所を訪れてくる飛びこみ営業の対応も、未来の設計案件で使えそうな材料の情報入手のチャンスと考えるようになりました。よい設計のためにはよい材料を知る必要がありますが、私はそれをカタログ集めを通して身につけたわけです。

　こんなふうに単なる雑務でも、**知識や技術取得のための先行投資**と考えると、すべての仕事に意味が出てきます。構造計算や積算など、デザイナーには面倒な仕事も、独立したら確実に必要です。やったことのない作業をするのは面倒で気が進まないものですが、それは経験を積むチャンスと考えるべきなのです。所長に雑務を頼まれたときもそうして前向きに取りくんでいれば得るものが多いし、確実に評価を得られるようになります。

2. 所長、先輩から 一流テクを盗みとる

仕事の取りくみ方、考え方、まとめ方を真似る

よく職人の世界で、親方から「技術を盗む」という話があります。親方は言葉巧みに教えてくれるわけではありませんから、親方のそばで「手つきや段取り」を観察して学びとるわけです。**設計事務所のスタッフもこれと全く同じです。「誰かが教えてくれるだろう」という姿勢では技術は絶対に身につきません。**常に前向きに能動的に、技術を吸収しようという意思が必要です。

設計の場合、一本の曲線を引く場合の手つきについてもノウハウはいろいろあるのですが、なかなか真似できるものではありません。

しかし、「仕事の取りくみ方、考え方、まとめ方」であれば、すぐに真似できます。前提条件の整理法、クライアントとの接し方、ディテールのまとめ方、予算の配分の仕方、説得力のある話し方など、設計にまつわる、ありとあらゆる「仕事の流儀」を盗みとるようにしましょう。

しかし、いきなり「見て盗め!」と言われても実践するのは難しいでしょうから、注目するべきポイントをまとめました。

技術の盗み方

1. 一緒に仕事をするときは「時間の使い方」を見る
所長や先輩は新人よりたくさんの仕事をこなしています。それができるのは、能力が高いことに加え、時間の使い方がうまいのです。**重要度が高ければ十分時間を割いて、低ければ上手にさぼっているはずです。**まずは、どんなことにどれだけの時間を割いているのか、その時間配分に注目してください。

2. デザインミーティングの場では「とらえ方解き方」を見る
所内のデザインミーティングでは、所長や先輩が「設計条件をどのようにとらえ、どう解くか」を学んでください。デザインの導き方がわかると、デザインの引き出しはどんどん増えていきます。

3. クライアントとの打合せでは説明の仕方を見る
設計内容を納得してもらうため、所長や先輩は、クライアントとの打ち合わせでは必ず、説得力のある説明をしています。入念に資料を用意して、過去の実例を交え、性能や数字を出しながら説得しているはずです。そのテクニックを盗んでください。

4. 現場では「監理の勘所」を見る
現場監理では、所長や先輩はデザイン上、機能上、重要な部分、間違えやすそうな部分を重点的にチェックするはずです。彼らが真っ先に注目する部分が、ズバリ監理上の要点です。どういったポイントを重点的にチェックしているのかを観察しましょう。

5. 効率よく盗むために、タイミングよく「質問」する
所長をよく観察していると、「どうしてそうするんだろう?」という疑問が必ず沸いてくるものです。こうしたときは、ただ見ているだけでなく、タイミングを見計らって質問してください。うまい質問ができれば、効率よく技術を習得できます。

ディテールも見逃さず盗む

　ところで、修業時代にしっかりと「盗んで」おきたいのが「ディテール」です。1つのディテールを生み出すには、組み合わせる材料の特性や性能に対する知識、工事手順の知識、そして、与条件を解き

ディテールの盗み方

1. 外部開口部
開口部は、デザインの魅力を生み出す最も重要な部分ですが、壁に孔をあけるので性能上は弱点にもなります。どのようにして意匠的な魅力を生み出しているかをよく観察するとともに、止水性、断熱性、気密性、遮音性、耐風圧性、防火性、防犯性などの必要性能にどう応えているかにも注目して、注意深く調べてください。

2. 内部開口部
内部においても、ドアや引戸のデザインはインテリアの最重要ポイントです。同時に、長期間にわたってスムーズな開閉を約束する工夫が求められます。枠や扉のデザインはもちろん、ハンドル、手かけ、レール、錠、金物に至るまで細部を細かく見てください。枠と巾木の関係にも注目してください。

3. 階段、手すり、庇
階段、手すり、庇のディテールは意匠と構造を同時に見てください。強度だけを考えたら重たいデザインになりますが、材料の特性に応じた使い方や施工方法まで踏みこんでいけば、軽やかなデザインを実現できるので、その点に注目して見るとよいでしょう。

4. 屋根の軒、けらば、棟
屋根は端部のディテールを見てください。端部のディテールしだいで外観の印象は大きく変わります。意匠と同時に、断熱、気密、止水、換気などにも応えなくてはなりませんが、技術的に一番難しく工夫が必要なのは「屋根通気」の処理なので、この点もしっかりチェックしてください。

ながら美しく見せるデザイン力が必要です。ディテールは残念ながら「本で勉強すれば自分でも開発できる」という類のものではないので、経験豊富な所長や先輩に、どうしてそういう納まりになるのかを質問しながら、新人のうちに身につけておきましょう。ディテールについては特に次のような点について観察するとよいでしょう。

5. パラペット

建築物最頂部の仕上げが防水の場合は、パラペットのディテールに注目してください。笠木の有無、防水の立ち上がり量、防水端部のおさえ方、防水層の保護の仕方などが性能とデザインを大きく左右するので、その点がチェックポイントになります。

6. 造作家具

設計事務所の案件では、オリジナルデザインの造りつけ家具も多いはずです。家具の詳細図を見ながら、材料の使い方、寸法の取り方、使う金物、機器の据えつけ方、ひととおりのことを学んでください。

7. 床際、壁際、天井際の標準断面

ごくごく平凡な部屋においても、床際、壁際、天井際のディテールには注目してみてください。仕上げ素材が変われば、納まりも変わるので、そうした点もしっかりと観察してください。

3. 一目置かれるための ホウ・レン・ソウ

徹底したい「ホウ・レン・ソウ」① 安全・性能・コスト面のこと

　設計事務所のスタッフとして働くときは、所長や上司へどのように情報を伝えるか、つまり「ホウ・レン・ソウ」の仕方がとても重要です。設計を依頼する際、クライアントは通常その事務所の開設者と契約しています。ある特定の所員が、どんなに密にクライアントと打ち合わせしていたとしても、契約上は業務の責任者ではありません。したがって、その担当者はことあるごとに、責任をとる立場の所長や上司に設計監理の内容を報告・連絡・相談する必要があります。

所長に報告・相談しなくてはならないこと

1. 安全面で注意すること
安全面で一番注意すべきなのは落下事故の防止です。デザイン上の理由から、抜けが多い（または足がかりとなる）手すり、低い位置にある窓などを採用するときには、スタッフ→所長→クライアントの順で、相談・報告が必要です。そして、クライアントからさらなる安全対策を求められる場合は、所長と相談し、対策を講じてください。

2. 性能面で注意すること
性能面で特に注意するのは雨漏りです。トップライト、水平谷のある屋根、低いパラペットなど、危険なディテールを採用するときには、所長に相談し、十分に打ち合わせを重ねておく必要があります。

3. コスト面で注意すること
コスト面で特に注意するのは設計変更です。クライアントの要望による変更であったとしても、必ずその「金額」を伝えてから変更するというのが大原則となります。

　特にクライアントとの間でトラブルになりやすい、**安全面、性能面、コスト面のことは所長に必ず相談・報告してください。**そして、その内容は必ず所長からクライアントに説明してもらうようにしましょう。
　安全面、性能面、コスト面、どれもクライアントとの関係がこじれれば、最悪の場合裁判に発展します。トラブルを起こしてしまえば、いくらデザインがよくても0点です。ちょっと心配だなと思ったら、所長にすぐに報告・相談を心がけましょう。

徹底したい「ホウ・レン・ソウ」② デザインの要

「ホウ・レン・ソウ」はデザイン部分でも必要です。どんなにあなたのデザイン能力が高かったとしても、**設計はチームでやるものですから、デザイン上の「要」の部分は必ず相談するべきです**。所長が忙しければ、すべての事項をチェックしてもらうのは無理でしょうから、どこを要と見るかは担当者の判断となります。巨大な建築物でも、デザイン上の要点が的を射ていれば、デザインはきちんとまとまります。反対にポイントがずれていれば住宅レベルの小さな建築物でも、まとまりのないものになります。**つまり、「相談ポイントを外さない」というのは設計能力の1つと言っても過言ではありません。**

デザイン上の要点は端部に現れることがほとんどですので、開口部、エッジ、階段などは特に注意して確認するようにしましょう。

また、所長以外に上司がいれば、その事務所特有のこだわりポイントなども含め、何を所長に相談するかを前もって聞いておくとよいでしょう。

デザインの要

● デザイン相談の仕方

　所長は業務のすべての内容を把握できているわけではありませんから、いきなり部分の色やディテールを聞かれても答えようがありません。**判断してもらうためには、その背景となる状況を所長に理解してもらう必要があります。**

　キッチンのタイルを決めるなら、単体のタイルを何種類か集め、「どれがいいですか？」というのでは失格です。単体のタイルだけでは好き嫌いの判断しかできないからです。その壁と取り合う、床、壁、天井、幅木、家具その他の材料を現物ですべて集め、図面や模型に色塗りをして、はじめて選べる状況になるのです。

　そして相談するときは、必ず自分が最良と思う案と、判断の拠り所にした過去事例の図面や写真を用意しておいてください。仮に間違っていたとしても、若い感性で考えたディテール、若い感性で選んだ色・素材で所長の考えが軌道修正されることもあるからです。

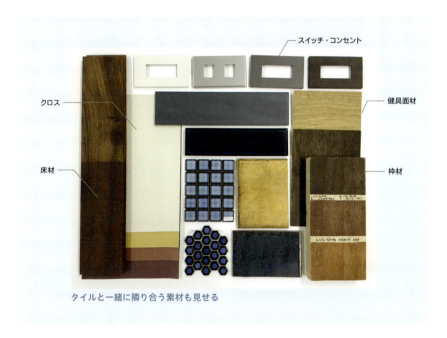

タイルと一緒に隣り合う素材も見せる

4. 一目置かれる 電話とメールの 使い分け方

電話とメールをうまく使い分ける

　ここでは、設計事務所が、クライアントや施工者と、対外的なやりとりをする場合の注意点をまとめてみたいと思います。

　最近は、対外的な情報のやりとりは、電話やFAXよりメールを多用している方が多いと思います。しかし、設計事務所が扱う情報は専門性が高い上、伝えるべきものがデザインという抽象的なものなので、内容をすべてメールで正確に伝えようとすると、文章は長文になりがちです。「言った言わない」という問題にならないように、文章に残しておくという姿勢は大切なのですが、送るメールが長文になると、書く方も読む方も時間がかり、一番伝えたいことがおざなりになりやすいというのも事実です。

　そうした状況は電話を活用すれば回避できます。特に現場は時間勝負ですから、**伝える内容が少しでもこみ入っている場合は積極的に電話を利用するのがよいと思います。**やりとりは圧倒的な情報量、微妙なニュアンスを伝えられる電話ですまし、結論や決定事項をメールで送って確認するようにするとよいでしょう。

　次ページにメールで伝えるべきことと、電話で伝えるべきことのリストを用意しておきましたので、実務の際に参照してみてください。

電話で伝えるべきこと、メールで伝えるべきこと

電話

- 通常の事務連絡
- 抽象的な内容を伝える連絡・相談
- 選択肢の洗い出しのための相談
- スピードが求められる事項の確認
- 方針決めのための相談
- クライアントを説得したいときの連絡
- メール送付した図面や資料の説明
- 指示・調整内容の説明

メール

- クライアントが仕事中の時間帯の事務連絡
- スケジュールに関わる連絡
- 安全、性能、コストに関わる連絡、相談
- 図面や資料の送付（PDFなどで）
- 参考ホームページの紹介
- 施工図の受け取りやチェックバック（FAXでも可）
- 仕上げや仕様の決定事項の報告、確認

大事なメールはCCですませない

　メールの注意点をもう1つ。報告を兼ねてCCで所長や上司にメールを送ることがよくあると思いますが、上司はあなたの数倍のメールをやりとりしているものです。ですので、**大切なことについてはメールで送ったあとで、しっかりと口頭でも報告するようにしましょう。**

5. 効率のよい チーム設計を実現する 7つのルールを知る

● チーム設計のルールを知る

小さな木造住宅であっても、1人で設計監理するのは意外と大変です。私の事務所では、大体3名のチームで1つの設計をまとめています。連携がうまくとれていないと、作図に時間を要するだけでなく、作業の手戻りが起こります。**チームで図面を作成するときは図面作成上のルールが必要です。**仕事が大きくなればなるほど、ルールはよりシビアになります。

①図面は「出力した紙」で情報共有

パソコンの中の図面は他者と共有しにくいですし、一瞬で全体像を把握できません。2人以上で作業するなら、「最新図を紙にプリントアウトして、決められた場所に置いておく」ことは絶対に死守すべきルールです。

最新図を一定の場所に保管しておくのは、手描き時代は当たり前だったのですが、CADになった途端にできない人が増えました。

サーバーとなるコンピュータに、共有フォルダを作ってデータを保管しているだけでは不十分です。全部の図面を紙にプリントアウトし

て初めて、担当者以外の人（所長や手伝いでチームに参加した人）が短時間で全体像を把握し、図面の文字を一字一句細かくチェックできるようになるのです。常にA3サイズで最新図を出力しておく習慣をつけてください。

②データのバックアップを取っておく

データは必ずバックアップを取ってください。複数人で作業をしていると、人のデータの上にうっかり上書きしてしまうことがあるからです。私の事務所では「成果品」のフォルダに「データ001、データ001のバックアップ」という具合に、本データとバックアップデータの2つを近い名前で保存しています。

人のデータを触るときは、上記2つを「旧データ」のフォルダに移動、データ001をコピーした「データ002」を成果品フォルダに保存。「データ002のバックアップ」も同じく保存します。つまり成果品フォルダには常に1組の最新データのみがあるようにしておくのです。プロジェクトが1つ終わったら、成果品データと、旧データのデータを別々に、ハードディスクと、できるだけ安定性の高いメディアでバックアップを取っておきます。

③図面のコピペは細心の注意を払う

設計図面の間違いは、ほとんどの場合、他の案件の図面をコピペしたときに起こります。省力化のためにコピーで図面を作った場合は、早い段階で必ずプリントアウトして、すべての文字・数字をマーカーでチェックしてください。

特に文字の多い、各種仕様書、矩計図は注意しましょう。たとえば断熱材の厚みの表記を間違えただけでも、コストや性能は変わります。

完成してから、要求性能を満たせない誤記があったことに気づけば、壁や床をはがしてやり直しです。建築では1文字2文字のイージーミスが大事に発展する可能性があるので、細心の注意を払う必要があるのです。

④「ミスのない図面はない」と思いチェックする

　図面をチェックするときは「どんなに注意しても人は間違う」という意識で見てください。**よくできていそうな図面であれば、なおさら、ものすごく単純なミスをしていないかをチェックしてください。**当たり前だと思っていることに重大なミスがあるものなのです。

　ある工事会社の社長から聞いた話ですが、彼は若かりし頃、方位を間違えて、南北逆に基礎を作ってしまい、まるまる作りなおしたことがあるそうです。笑い話のようですが、設計事務所は普通の北が上の描き方をしないケースもありますから、明日は我が身と思って気をつけるべき話でしょう。

　また、わかりやすい間違いの1つに、「図面同士の不整合」というものがあります。平面で4間四方だった建築の立面が、5間間口だったら、どちらを信じてよいかわかりませんね。

　学生の図面では、平面と立断面の不整合は、一番多いミスの1つですが、実務でこれをやったら0点になってしまうので気をつけましょう。

⑤描き直しを恐れず急いで1案作る

　実務での図面作成は時間勝負です。どんなときでも設計を素早くまとめる癖をつけてください。私が小住宅の内外観1案を作る時間は1〜2日。そのくらいのペースで設計案を作れなければ、年間5〜6棟の設計をするのは無理なのです。

　予定のスケジュールまで成果物ができないのは0点ですが、何か形になっていれば、次のステップを踏み出せます。あまり悩まずに、過去事例を横に置きながら素早く1案作ってください。2案目は、1案目についての意見を聞いてから、その改善案を作ってください。2案目は条件が整理されているはずですから、1案目の半分の時間ですむかもしれません。また、1/100の検討図面、階段や家具などの詳細図はできるかぎり3面図の形で描いてください。3面図で描けば、立体として認識しやすいだけでなく、模型がすぐ作れます。いつでも3面図で描くようにすると、建築を立体で考える癖がつき、図面を描きなが

ら空間をイメージすることがしだいにできるようになります。

⑥まずはボスの案を作る

所長からスケッチや言葉で指示があった場合は、迷わず所長の案を作ってください。

所長は多くのことを考えてその結論を導いたはずですから、指示と違う図面を描くのは、話を混乱させるだけです。設計事務所は、チームで仕事をするので指示系統を守って作業した方が効果的です。まずは指示の範囲内でどうすればよくなるかを考えつつ設計するのが基本になります。

⑦デザインは改善しつづける

先程のルールとは反対に、所長が解いた案に、何か根本的な問題があって、改善が必要な場合があるとします。こういう場合は、迷わず改善提案をすべきです。デザインには限りがありませんし、一定のコストの範囲内でも選択肢は無数にありますので。

案を改善していくのは、ゼロから生み出すより、高度な知識・技術を必要とします。所長に提案しても、採用されないことも多いと思います。しかし、いつも問題点を発見して改善提案していれば自分の実力になってきますし、その働きかけをきっかけに所長が違う改善の方法を考えるかもしれません。

現場に入ると作業に追われ、まとめることばかりに気をとられるものですが、現場でごく僅かなディテールを変更しただけで、印象が俄然よくなることもあります。**たとえそれが所長の案であっても最後の最後までよくできる点を探す習慣を持ってください。**粘りに粘ってデザインをよくしつづけて初めて、よい建築になり得るのです。

071

6. 抜かりない スケジュール調整術

時間管理の基本

　十分に時間があればデザインはいくらでも改善できますが、設計事務所は最初に決められた設計料に基づき仕事をするものです。時間をかけすぎれば、赤字になって所員の給料は払えないということになります。それゆえ、設計事務所の仕事は常に時間との勝負になります。

大きな流れ作りは所長の仕事になりますが、1週間、1日単位の仕事の配分などは、各自がペース配分していくことになるでしょう。 時間内に各自がノルマを達成しないと、全体のペースが乱れることになります。スタッフ1人ひとりが時間の意識をもって作業することが大切です。

アウトプットタイミングの意識

　どんな仕事でも作業に入るときは、成果品のアウトプットのタイミングを必ず意識してください。必要となるタイミングから逆算すると、作業内容が変わることもあります。たとえば、2日時間があるなら、矩計図を1枚仕上げることもできますが、2時間しかないなら、寸法入りの手描きのスケッチで間に合わせる、といった具合です。

　チームなら、その人のその作業が全体のボトルネックにならないように、作業する必要があります。人員配置が悪く、作業が誰かに集中するようなら応援に入ってもよいですし、所長に配員計画の調整を提案してもよいと思います。

大きな流れの理解

作業の時間見積ができるようになるためにも、まず設計監理全体のスケジュールの流れを頭に入れましょう。**建築の設計監理の仕事は長丁場で、小さな住宅でも全体の工期は10ヶ月以上になります。**通常の場合、形やサッシが決まる基本設計の工期が3ヶ月、各種仕上げや機器の仕様、家具などの詳細が決まる実施設計の工期が2ヶ月、工事が5ヶ月といった配分です。

住宅の場合、引っ越しタイミングは年度末（子供の進級、確定申告）年末（固定資産税）、その他（賃貸住宅の更新時期、住宅ローン）のどれかで決まることがほとんどです。何が最も厳しい縛りになるか、あらかじめクライアントにヒアリングしておく必要があります。

工事の工期は、工事会社の人員配分でも大きく変わりますが、ほとんどの場合、盆正月を挟むことになるので、注文住宅の場合半年程度の工期を設定しておいた方が無難です。

クライアントの中には、無理なスケジュールを要求してくる人もいます。しかし、無理な工程は設計だけでなく工事の質も下げてしまうものです。時間がなければコスト調整も不可能です。十分余裕をもったスケジュールをクライアントに伝えるようにしましょう。

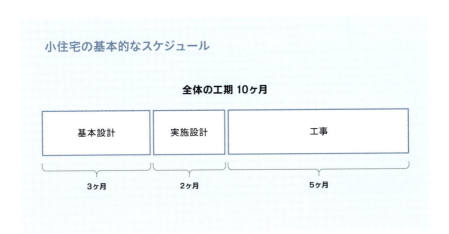

小住宅の基本的なスケジュール

● 設計スケジュールの注意点

　ここで、スケジュールを管理する上で頭に入れておくとよい項目をまとめておきましょう。次ページに紹介する項目を忘れると、スケジュールが数週間（下手すると数カ月）、遅れてしまうことがあります。契約書に記載される工期が絵に描いた餅にならないよう、設計監理の契約前に役所やクライアントにヒアリングして、全体のスケジュールを調整してください。

スケジュールを左右する項目

1. 間取り作り

設計段階でスケジュールを大きく左右するのは、間取り作りの時間です。複数案を作るつもりなら、最初からスケジュールにゆとりをもたせておいた方がよいでしょう。

2. 申請関係

役所や指定確認検査機関へ提出する各種申請の期間にも注意が必要です。申請は、ものによっては数ヶ月要することもあります。担当者は役所ヒアリングでぬかりなく調査して、クライアントや所長に報告しておかなくてはなりません。

特に注意するのは、確認申請以外の各種申請です。確認申請の前に、地区計画、区画整理法76条、都市計画法53条、狭隘道路、風致地区、崖条例、中高層、埋蔵文化財などの申請が必要な場合があります。また、長期優良住宅、認定低炭素住宅、フラット35適用住宅などでは、その手続時間も必要です。

3. 見積関係

見積の期間も3社の相見積をとるなら、その調整期間も考慮する必要があります。見積のタイミングは、確認申請の前にするのが原則です。予算が合わないと、規模・配置・窓の位置、大きさなどが変更になり、計画変更申請が必要になることもあるからです。

4. 地鎮祭と上棟式

工事に入ってから気にすべきお施主のイベントは地鎮祭と上棟式です。地鎮祭前に工事することはできませんし、土日かつ仏滅三隣亡を避けるとなれば、工程が半月単位でずれこむこともありえます。地鎮祭にあわせ親御さんが田舎から出てくるということになれば、ずれがもっと大きくなることもあるでしょう。上棟式は直会をするのかしないのか、平日を避けるかどうかで、大分予定が変わってきます。

5. 引き渡し時のいろいろ

引き渡しが近づくと、住民票移転、完了検査、ローンの実行、引っ越しなどが重なるので注意が必要です。デッドラインを見据えながら、火災保険の手配や登記のタイミングをクライアントに相談する期間もしっかり見積っておきましょう。

7. 「7つの専門知識」を身につける

建築バカになるな

「設計者は建築の設計だけ勉強していればよい」というわけではありません。設計の現場では、建築の作り方以外の広範囲な知識が求められます。**建築はそもそも芸術、歴史、地理、文学、哲学その他、ありとあらゆる知識を総動員して考えるべきものです。**「あらゆることに好奇心を持つ」というのは建築家に求められる資質の1つです。

建築周辺に限ってみても、企画段階であれば土地探し、資金計画、工務店探しの知識が、設計段階であれば、実際生活する場合のイメージ、つまり洗濯・掃除・料理などの家事、片づけ収納の知識が、引き渡し後には、メンテナンスや植栽についての知識が必要になります。

スタッフ時にはそこまでの知識は必要ないと思うかもしれませんが、クライアントとの打ち合わせに同席している際に、スタッフから片づけや家事などについてクライアント目線の意見がポッと出ると、それだけで、そうした生活面での知識があるのだなと感心されることがあります。

ここでは、そんなクライアントに一目置かれる専門知識とアナウンスすべきポイントをまとめましたので、普段から意識し、積極的に吸収しておくようにしてください。

①資金計画の基礎知識

　家作りを始めたばかりの人は、家作りの総予算を低く見積もりがち
です。設計料はもちろん、仲介手数料・解体・引き込みなどの土地関
連費用、保証料・火災保険・団信などのローン関連費用、地盤改良・
防火サッシ・エアコン・カーテン・ブラインド・外構などの建築関連
費用、その他、登記費用、税金など、一覧表を作成し、アドバイスし
たいものです。また、注文住宅の場合、つなぎ資金が必要となること
も確実にアドバイスしておきましょう。設計事務所が、こういうこと
までフォローすれば、わざわざハウスメーカーに相談に行く必要はな
くなるのです。

②土地探しの基礎知識

　設計事務所は土地探しから相談されることもよくあります。土地が
身の丈に合わず、建物にお金がかけられないというクライアントは多
いので、家にどのくらいの予算を残しておけばよいかは、最初に伝え
ておきましょう。また、高い擁壁のある土地、古家のある土地、イン
フラ引き込みのない土地、防火準防火のかかる敷地などは、数十万か
ら数百万の追加予算が予想されるので、注意が必要だということをア
ナウンスしておきましょう。

　そして、土地の候補があるならば、建築士でないと想定しにくい、
建てられる建築のボリュームや予想される問題点（日当たり、地盤、
駐車スペースの設置可否、プライバシーなど）、不利な条件を克服す
る方法をアドバイスしておきます。

　土地の知識があると、その後の設計の依頼を受ける可能性が高まり
ます。間違っても「専門外だからわからない」などと言わないように
してください。

③工務店選びの方法

　いくら完璧な設計をしても、よい家になるかは施工者しだいです。工務店を決定し契約するのはクライアントですが、選定のアドバイスは設計事務所に期待される役割の1つです。

　クライアントに聞かれたら、いくつかのお勧めの工務店を紹介できるようにしておきましょう。 よく知る工務店のないエリアであれば、専門知識のないクライアントに代わって工務店の構造断熱についての考え方、制作家具建具への対応、監督の数・同時現場担当数、大工・職人の契約形態、施工図の作成状況、積算の方法などを細かくヒアリングしてクライアントに報告するようにします。

④電気や設備の基礎知識

　住宅の場合は、意匠設計者が電気設計も行うのが普通です。電気の引き込み引き回しの主要なルート、情報系設備の配管ルートといった一般的な電気や設備の知識が必要になるのはもちろんですが、電気機器の最新事情も知っておく必要があります。

　たとえば、テレビは地デジなのか光回線なのか、LAN配線テレビにしておくかどうか、テレビとDVDをつなぐHDMIケーブルのつなぎ方はどうするか、エアコンのAPF（通年エネルギー消費効率。エアコンの能力を示す指標）はどのくらいのものを買うか、エアコンの配管は隠蔽なのか露出なのか、インターホンはスマホ連動にするかどうか、照明はLEDにするかしないかなどなど、言いだしたらキリがありませんが、**家電オタクでなければ知らないようなことも設計者は知っておくべきなのです。**

⑤水回りの最新事情

　水回りはクライアントの要望が集中する部分です。水回りを決める際、ハウスメーカーであれば、TOTO、LIXILなどの大手メーカーから、システムキッチン、ユニットバス、既製洗面台を選ぶだけだから簡単なのですが、設計事務所の場合、クライアントのたくさんの要望に応

キッチンの種類にも詳しくなる

えるため、特注・制作で対応することも多く、その詳細についての意見・アドバイスを求められることがよくあります。

たとえば、キッチンであれば、引出しにするメリット・デメリット、キッチンカウンターの種類、カウンターやシンクのエッジ形状、コンロはガスか電気か、食洗機を導入するか否か、食品庫の設け方、調理家電の置き方、食洗機のパネル仕様、手掛けの形状、パイプ棚を設けるかどうか、イケアパーツの利用可否などが毎度出る話題です。

浴室脱衣であれば、ユニット・ハーフユニット・在来のコスト差、足を伸ばせる浴槽のサイズ、カビにくいタイル目地などをよく聞かれます。**質問はこうしたかなり専門的なことが含まれますから、日頃から水回りに詳しくなっておく必要があります。**

焼杉の外壁

⑥汚れやすさやメンテナンスの知識

将来的な汚れやメンテナンスについては、クライアントはなかなかイメージしにくいものです。**住んでからも快適かつお金をかけずにすむように、将来を見据えて材料の選定を提案したいところです。**

たとえば、最も一般的な窯業系サイディング（セメントを主原料とした板状の乾式外壁材）は、縦目地のシールが切れる可能性があるため、シールの打替えが10年ごとに必要になります。そのころには、面全体は薄汚れ、白っぽい粉が浮いてくるチョーキング現象が起こることがありますから、約10年で足場を組んで再塗装するというのが一般的です。ガルバリウムであれば、目地もないし吸水もないので劣化しにくく、20年程度は何もする必要がありません。木材なら焼杉が傷みにくい材料です。さらに軒を出せば、外壁の保護になって耐久性は向上します。こんなことをアドバイスすれば材料の選定も形の作り方も変わってきます。

その他、内部についても、幅木がない場合、壁面に掃除機の跡がつきやすいとか、出隅に枠や見切りがないと傷みやすいとか、塗装の種類によって、汚れ方が変わるなどの情報を事前にアナウンスしておけば、気をつけて使うことにもつながります。

⑦外構の知識

　外構（建築物を取り囲む屋外の舗装、植栽、柵や門などの設え）しだいで、家は立派にも貧相にも見えるものです。設計範囲から外れることも多いと思いますが、外構計画は建築自体の設計と同程度に大事です。**見栄えのよい外構にするにはどうすればよいか、設計事務所の立場でアドバイスするとよいでしょう。**

　舗装面は最小限にして、できるかぎりやりすぎないようにし、曲線は極力使わないように。樹木は株立を基本に。カーポートや物置を家の前に設置すると、外観は台無しになるということは必ずお伝えしておきましょう。

　わざとらしいコニファーを避ければ、植物は好みでよいと思いますが、シンボルツリー、サブシンボルツリー、中木、グランドカバーまで、どんな樹木草本を植えたらよいか、クライアントとよく相談してください。また、コスト面では、隣地境界のフェンスや門扉が意外と高価なことも伝えておきたいところです。

植物を取り入れた外構

Main Work

本格お仕事編

現場調査から本格的な設計のコツまで、
一人前になるために身につけておきたい「秘密のテクニック」をご紹介します。

PART 2

PART 2 | 本格お仕事編

CHAPTER 3

はじめての現地調査と
お施主ヒアリング

ここからは本格的な現場の仕事についてご説明します。
まずは漏れのない現場調査のポイントや、
顧客の要望を正確にとらえる
お施主ヒアリングのコツを身につけましょう。

1. 敷地の概要は グーグルマップで 8割把握できる

現地調査の前にインターネットで下調べ

図面を描く前には、設計条件の整理が必ず必要です。

設計条件には資金計画、規模、要望などの建築主にまつわる条件と、敷地にまつわる条件があります。前者は建築主とじっくり打ち合わせしながらでないと決められませんが、後者は敷地が決まればどんどん調査を進めてしまって構いません。

インターネットを利用すると、敷地にまつわる情報は比較的簡単に集まります。荒削りな情報であっても事前に全体像をつかんでおけば、その後の本格的な調査の時間は大幅に節約できますから、現地調査や役所ヒアリングへ行く前にネットで下調べすると無駄がありません。

グーグルマップでわかること

ネット調査で最も使えるのがグーグルマップです。グーグルマップは地図情報に航空写真、地形、ストリートビュー機能がついている最強の調査ツールと言えます。

①敷地の方位

まず、通常の地図モードでは大体の「敷地の方位」がわかります。日影規制がかからない建築物規模であっても、都心の狭小地などでは高度斜線がかかることが多いので、方位を知ることはとても大切で

す。しかし、不動産のチラシや地積測量図などに記載された方位は磁北で記載されることも多い上、必ずしも正確ではありません。そこで、グーグルマップである程度正確な方位を確認しておくわけです。

②交通事情

敷地周辺の交通事情にも注目してください。道路の幅や曲がり具合、一方通行表示などから工事車両のアクセス方向や工事中の駐車の位置を想定、あとの現地再確認に備えます。

③最寄り駅までの最短徒歩ルート

最寄り駅までの最短徒歩ルートも表示させてみたほうがよいでしょう。その際に周辺の公共施設、コンビニ、公園の位置などを確認しておきます。その他、水にまつわる地名が周囲にないかどうかもチェッ

①グーグルマップで方位を確認する

③最寄り駅までのルートを確認
アクセスの方向で玄関の位置が変わることも

グーグルマップは画面上方が真北

クし、あるようなら、後述する古地図を調べるようにしてください（p.91を参照）。水にまつわる地名があると、地盤が悪いことも多いからです。

④周辺建物や駐車場の配置状況

　航空写真モードでは周辺の建物や駐車場の配置状況、緑の分布状況、屋根の形状などが確認できます。周辺の環境は変わるので過度の期待は禁物ですが、見通しのよい方向、借景できる要素などを探しておきましょう。

⑤建物の高さ・密度感、道路幅員

　ストリートビューモードでは建物の高さ・密度感、道路幅員、電柱などの他、道路の障害物、歩道や街渠（がいきょ）のあるなし、擁壁

航空写真モード　　④周辺環境の確認

ストリートビューモード

⑤建物の高さ・
密度感などを確認

の有無、見通しのよい方向、隣家の窓の位置など、今までは現地に行かなければ絶対に確認できなかったことがわかります。

　各モードのさまざまな情報を組み合わせると、実際見えていないことまで想像することができます。たとえば、周囲の地形とストリートビューの道路側の擁壁の情報から、敷地奥の見えない所にも擁壁があることに気づくかもしれません。大きな樹木の植わった古い平屋があれば、おそらく建築年代は昭和より前。耐震性は旧耐震、水道引き込み管が古くて使えないことに気づくかもしれません。グーグルマップの情報だけで、購入前に不動産会社にチェックしてもらうべき項目がわかるのですから、使わない手はありません。

インフラを調べるときに使うサイト

　各種ライフラインのうち、上水は現地調査や役所調査が基本になりますが、**ガスや下水はネットで調べることもできます。**東京都では、下水道の情報は「下水道台帳案内」のページで確認できます。

　敷地を拡大表示して、道路境界付近に既設の汚水桝があるかどうかを調べます。雨水汚水分流の場合は、雨水桝の有無も同様に調べてください。

「下水道台帳案内」
http://www.gesui.metro.tokyo.jp/osigoto/daicyo.htm

　ガスは事業主が東京ガスなら「ガス本管埋設状況確認サービス」のページで確認できます。宅内への引き込みはガス事業者が無償で行うケースが多いので、敷地前面道路までガスの本管が引き込まれていればOKです。

「ガス本管埋設状況確認サービス」
https://mapinfo.tokyo-gas.co.jp/dokaninfut/k_main.asp

地盤を調べる

　地盤は1つの敷地内でもばらつきがあり、地盤改良が必要か否かは実際にSS試験（木造住宅で行われる簡易な地盤調査）などをやってみないとわかりません。しかし、おおまかな地盤の傾向は次のWebサイトでも確認できます。

「地盤サポートマップ」
https://supportmap.jp/#13/35.6939/139.7918

「ジオダス」
http://www.jiban.co.jp/geodas/guest/index.asp

　上記は地盤調査の統計データから地盤の傾向を知ることができるサイトです。無料で利用できますので、ぜひ試してみましょう。

　もう1つ気にしておきたいのは地盤の液状化です。東日本大震災でも浦安などで問題になりましたが、単なる軟弱地盤より対策が施しにくいので注意が必要です。特に埋立地に計画をするときには、次のサイトを見ておくとよいでしょう。

「全国液状化マップ（液状化予測図）」
https://www.s-thing.co.jp/ekijyoka/

古地図を調べる

　古地図を見ると、その場所の古い地名や地形がわかります。地盤の良し悪しの傾向を判断するためにも、昔はそこが、「池、沼、川、田んぼだった」といった地域の歴史は、古地図で確認しておきましょう。

　次のサイトでは明治時代までの古地図や航空写真を全国どこでも見ることができます。地域の歴史も学べますから、地盤などに不安がなくても見ておくとよいと思います。

グーグルマップを使って過去の地形図や空中写真を見る

現在　　　　　　　　　　　　　　　1963年

新宿中央公園周辺で新旧の図面を表示してみた場合　(http://user.numazu-ct.ac.jp/~tgato/webmap)

● 水害やがけ崩れを調べる

　近年、台風やゲリラ豪雨で過去最高の降雨量が観測されることが珍しくなくなり、首都直下地震や東南海地震などの水害も心配されています。
　土地購入をする場合はもちろん、建て替えであっても水害、土砂災害については次のサイトで事前にハザードマップを確認しておいた方がよいでしょう。

> 「国土交通省全国ハザードマップポータルサイト」
> http://disaportal.gsi.go.jp/index.html

> 「各都道府県が公開している土砂災害危険箇所と土砂災害警戒区域」
> http://www.mlit.go.jp/river/sabo/link_dosya_kiken.html

　土砂災害警戒区域は、直接建築制限がかかるわけではありませんが建築主には報告しておいた方がよいでしょう。

091

PART 2 本格お仕事編

2. 敷地調査では あらゆるものの 「高さ」を確認する

● 現地調査の要点と写真撮影のコツ

　現地調査の目的は設計の「手がかり」を発見することです。概要はストリートビューで見られたとしても、現地へ行ってみて設計や工事の視点で寸法を計測しながら詳細に観察すると、たくさんの特徴に気

現場で撮っておきたい写真

パノラマ ── 隣家が迫る ── 電柱 ── 抜けがあって空が広い ── 通学路になっている

境界杭

電柱、電線

2階からの眺め

づくはずです。計画の方向性が自然と見えてくるということもありますから、何はともあれ敷地図面、カメラ、コンベックスを持って現地に行ってみましょう。

　現地調査の際は、後日、状況が確認できるように必ず写真撮影をしてください。まずは道路中心や、敷地の何点かのポイントでぐるっとパノラマ写真を撮っておきます。また、後々問題になりそうな、境界杭、メーター、桝、道路上の電線などのインフラ関係、擁壁などの構造物はアップでも撮っておきましょう。高いところからの眺めは上棟するまで確認できませんから、もし古家が建っていれば壊す前に２階からの眺めも写真で残しておきます。

　そして、調査のとき、現地で気づいたことを図面などにメモしておいてください。

越境した樹木

擁壁

桝、メーター

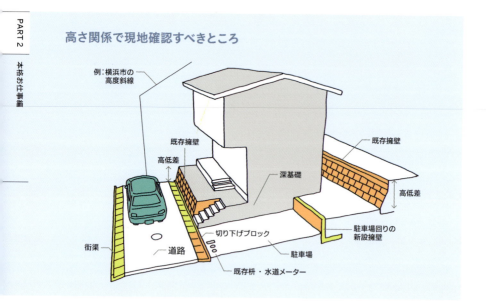

高さの確認

　地図や平面図に記載しにくい「高さ方向の情報」は、現地を見ないとなかなかわかりません。**現地調査の半分は、高さ方向の把握だと思ってください。**

　現地に着いたら最初に、敷地と道路、敷地と隣地の高低差を測定します。高低差がある場合は、段差の処理が法面（のりめん。土の切り盛りによって作られる人工的な斜面）なのか、擁壁なのか、ブロックなのかも合わせて見ておきます。

　道路と敷地の間の関係では、街渠（L型ブロック）の形や高さ、切り下げ（自動車乗り入れのため、道路境界の縁石を低くすること）の位置も計測してください。開発地などで切り下げブロックがあらかじめ入っている場合は、近傍に給排水ガスの引き込みがされていることも多く、駐車スペースの位置がほぼ決まってしまうということもよくあるからです。

　道路と敷地の高低差はありますか？　50cm程度なら法面で処理しても構いませんが、それを超えるようなら、何らかの構造物が必要に

なります。特に駐車場部分は、道路とほぼ平らにならざるを得ませんから、擁壁が発生する可能性は高いです。高低差があって、かつ駐車場が家と直に隣接する場合は、「深基礎」と呼ばれる方法で基礎を立ち下げるのが一般的です。擁壁でも深基礎でも間違いなく数十万単位のコストアップになりますので注意してください。

その他道路や敷地はほぼ平らに見えても、20cm程度の勾配がついていることはよくあります。そういった微地形で、道路斜線がアウトになる可能性もありますから、ぎりぎりを狙うなら、工務店などに依頼して高さを計測しておきます。高さに十分余裕がある場合は、地盤調査を早めにかけて、報告書の高低差情報を使うのも1つの手です。

擁壁の確認

境界部に擁壁がある場合は、その高さを計測します。 RCのL型擁壁（L型の断面で土圧に抵抗する擁壁）であれば比較的安心ですが、古い擁壁で2m以上あったら要注意です。擁壁の上でも下でも、何らかの規制がかかると考えてください。2m以上の古い石積みの擁壁の上に建てる場合は杭を打つ、高さの1.7倍程度擁壁から離す、擁壁の再

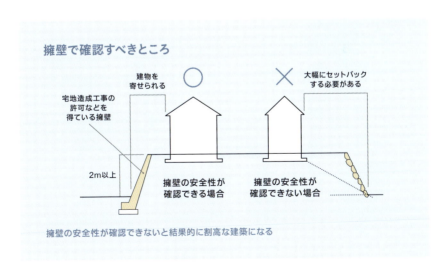

擁壁で確認すべきところ

擁壁の安全性が確認できないと結果的に割高な建築になる

築造をするなどの措置を講じないと確認申請も通らない可能性があります。擁壁は数十万から数百万の単位で予算を左右します。

高さに関わらず、擁壁は構造、ひび割れ、はらみ、水抜きの有無は確認しておきましょう。また、ブロック擁壁は3段以上積んだらNGだということも知っておいてください。

敷地境界がらみ

境界石（官民、民民の用地境界を明示するための杭など）は、クライアント立ち合いのもと、その有無を確認します。境界石の矢印の向きや種類（石、コンクリート、金属、鋲など）も忘れずにメモしてください。後日建物位置を決める際の手がかりになりますので。

塀もよく見てください。境界のどちら側になっているでしょうか。塀が敷地の外なら確認申請上は気にしなくても構いませんが、ぐらぐらしていないかどうかなど安全性は必ず確認してください。

敷地内または境界線上に「ブロック塀」があったら、高さが1.2m（6段）以下になっているかどうかを計測、控え壁の有無を必ず確認

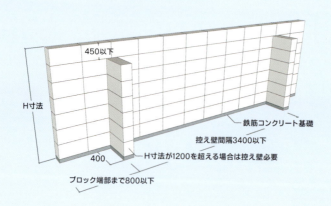

境界線上のブロック塀で確認すべきところ

してください。古いものだと、背丈ほどあるブロック塀が控え壁なしで施工されているケースも多く、完了検査の際、上部を切りとばしたり、鉄筋入りの控え壁を設置するなどの安全対策を施す必要が出てきます。

道路幅員も道路の何箇所かで計測します。4m以上あるでしょうか。4m以下の場合は「狭隘協議」が必要になる自治体がほとんどです。旗竿敷地では、竿部分の最少幅員が問題になるので、一番狭いところで2m以上あるか計測してください。

その他、隣家の庇や出窓、電線、アンテナ、樹木が越境していないかどうかも見ておきます。電線が越境している場合は、不動産会社（土地購入を伴う場合）や電気や電話の事業者に連絡してルートを変更してもらいます。

工事車両の入車ルート

グーグルマップで下調べした情報をもとに、**自家用車および工事車両の出入りルートを確認します。**道路がクランクしている、電柱、標識、植木鉢、物置、自動販売機などの障害物がある、坂道でなく階段である、道路幅員が非常識に狭いなどの理由から、敷地に車が横付け

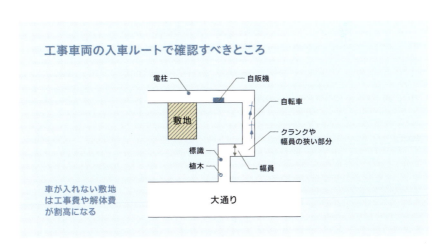

できないことがあるからです。工事車両が入れないと、解体、地盤改良、建て方、資材の搬入、あらゆる工事が割高になります。

桝やメーターの位置

敷地内の引き込みの位置を活かした方が、設備の費用は安くすみます。設備図面を描く上でも必要になりますから、水道メーター、雨水汚水の最終桝（道路境界付近に設けられる最下流の桝）、ガスの引き込み位置は計測して図面に落としておきます。また道路内のマンホールや止水栓の位置なども確認しておくとよいでしょう。

電柱が敷地近傍にある場合は電柱の番号を控えておきます。電柱が車の軌跡と干渉しそうなときは、電柱の移設を検討します。道路内の電柱を敷地内に移設する場合、無償で移設できる可能性が高いです。

日当たりや抜け

敷地では活かせるものも探してください。敷地の内外にある樹木、オープンスペース、抜けのある方向などに注目します。隣家の建て替えの可能性が低そうならば隣地の庭も意識してよいでしょう。密集地でも詳細に眺めれば少しは活かせそうな環境があるものです。その抜けや広がりを意識しながら設計すれば、密集地でものびのびとした空間を作ることは可能です。日当たりは周囲の建物入りの日影図を描けばわかりますが、太陽の位置を見ればより確実です。「Sun Seeker」と呼ばれるiPhoneアプリを使うと太陽の軌道が現地で確認できます。

反対に避けるべきものも探してください。たとえば、隣家窓です。建物の位置や境界からの離れ、窓や勝手口の位置も大体計測しておき、お互いの窓の視線がかち合わないように配慮します。密集地では境界から1m以内の窓の目隠しや曇りガラス、型ガラスなどの設置状況についても確認しておきましょう。

また、アパートのバルコニーや共用廊下からの視線、エアコン室外機や給湯器、外物置などの見てくれのよくないものにも気をつけます。

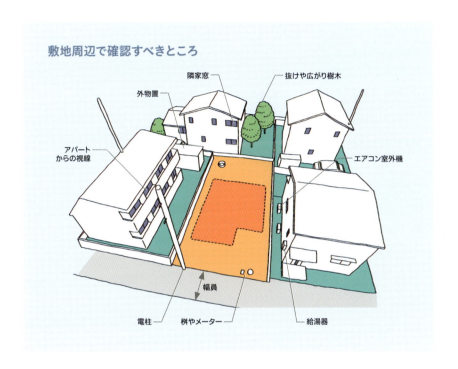

地盤

　地盤がよくないと、擁壁や布基礎の床下換気口にひび割れが入りやすくなり、道路が波打ちやすくなります。**ネットの調査で地盤が悪いことがわかっている場合は現地で確認してみましょう。**

　騒音、におい、街路の明るさ、交通量、人通りなど、写真にも残らない情報は現地でないとわかりません。そういった環境で建築の仕様が変わってくることもあります。たとえば、暗く人通りが少なければ窓やドアの防犯性を高める、騒音が大きい場合は2重窓または気密性の高いサッシを使うなどの対策が取られることがあります。

3. 法律のことは「役所に電話」で8割解決する

用途地域は電話で十分

設計が始まって一番先にやるのはボリューム出しの作業ですが、その作業をするためには敷地ごとに変わる法律や条令の制限をおさえておく必要があります。

ボリューム検討に必要な都市計画情報は電話でほぼ確認できます。市役所の都市計画課に電話して、「戸建て住宅を計画しているので、どこどこ（住所）の用途地域などを知りたいのですが……」と言えば、用途地域、建ぺい／容積、日影規制、防火規制、その他区画整理のあるなしなどの基本的な都市計画情報を口頭で教えてくれます。

ただ、役所担当者は相手が建築・不動産関係者であることを前提にかなり速いスピードで話すことが多いので、ヒアリングに不慣れなうちは、主要な都市計画情報を自治体のホームページであらかじめ調べておいた方がよいでしょう。今はほとんどの自治体が「〜市都市計画情報」または「〜市都市計画図」という形で、都市計画情報をホームページで閲覧できるようにしています。下調べの詳細については次ページのチェックリストを参照ください。

なお電話での問い合わせには通常、住所（住居表示）が必要です。新しく販売される土地の場合、チラシなどには「住所」ではなく、登記などで使用する「地番」（地名地番）で場所が示されることが多いので、ゼンリン住宅地図やヤフーマップ（グーグルマップより住所が詳しく表示されます）で、あらかじめ住所を調べておきましょう。

下調べのチェックリスト

A 土地基本情報

- ・敷地住所 _____
- ・敷地地番 _____
- ・地目　　　□宅地　□その他（　　　　　　　　）
- ・権利　　　□所有権　□借地権（□旧法　□新法　□定期借地）
- ・敷地面積　実測　　　　　　㎡　　公簿　　　　　　　㎡

B 形態制限、防火制限

- ・市街化区域　□市街化区域　□市街化調整区域　緩和規定（　　　　　　　　　　　　　）
- ・用途地域　　□1低層　□2低層　□1中高　□2中高　□1種住居　□2種住居　□準住居
　　　　　　　　□近商　□商業　□準工業　□工業　□工業専用
- ・建蔽率　　　建蔽率　　　％　　　角地緩和　　　％　　　防火緩和　　　％
- ・容積率　　　容積率　　　％　　前面道路による容積制限　（幅員 * 0.6 or 0.4）　　　％
- ・絶対高さ　　基準法　　　m　その他　　　m（　　　　　　　）による　　　□指定なし
- ・敷地面積最低限度　　　㎡　緩和規定（　　　　　　　　　　　　　）　　　□指定なし
- ・セットバック　道路側　　　m　隣地側　　　m（　　　　　　　）による　　□指定なし
- ・道路斜線　　*L　　適用距離　　　　　m　　　　　　　　　　　　　　　　□指定なし
- ・隣地斜線　　立ち上がり　　　m+勾配　　　×L　　適用距離　　　m　　　　□指定なし
- ・北側斜線　　勾配　　　×L　　　　　　　　　　　　　　　　　　　　　　□指定なし
- ・高度斜線　　　　種高度　規制内容：　　　m+勾配　　　XL　　　　　　　□指定なし
- ・日影規制　　（□軒高　□建築物高さ）　　　m以上又は階数　　　の時、検討要　□指定なし
　　　　　　　　5m　　　　時間　10m　　　　時間　測定面　　　m
- ・中高層条例　□無　□有
- ・天空率
- ・路地状敷地の制限　敷地延長部　幅員（　　）m　延長（　　）m　規制内容（　　　　　　）
- ・防火制限　　□防火　□準防火　□法22条　□新たな防火規制　　　　　　　□指定なし

C その他の制限

- ・計画道路　　　　　　□無　□有　内容：（都計法53条許可他）_____
- ・地区計画　　　　　　□無　□有　内容：_____
- ・建築協定　　　　　　□無　□有　内容：_____
- ・土地区画整理区域　　□無　□有　内容：（76条申請他）_____
- ・再開発区域　　　　　□無　□有　内容：_____
- ・風致地区　　　　　　□無　□有　内容：_____
- ・宅造法規制区域　　　□無　□有　内容：_____
- ・埋蔵文化財包蔵地　　□無　□有　内容：_____
- ・緑化関係　　　　　　□無　□有　内容：_____
- ・急傾斜崩壊危険区域　□無　□有　内容：_____
- ・土砂災害危険区域　　□無　□有　内容：特別警戒区域の指定（□有　□無）
- ・開発許可　　　　　　□無　□有　内容：（都計法29条許可他）_____
- ・市街化調整区域許可　□無　□有　内容：_____
- ・その他（　　　　）　□無　□有　内容：_____

E 道路関係

· ( ) 側	□公道（□国道 □県道 □市道 □認定外道路）□私道（位置指定 □有 □無）
法 条 項	号道路 幅員（□認定 □実測）　　　m～　　　m 査定図（□有 □無）
· ( ) 側	□公道（□国道 □県道 □市道 □認定外道路）□私道（位置指定 □有 □無）
法 条 項	号道路 幅員（□認定 □実測）　　　m～　　　m 査定図（□有 □無）
· ( ) 側	□公道（□国道 □県道 □市道 □認定外道路）□私道（位置指定 □有 □無）
法 条 項	号道路 幅員（□認定 □実測）　　　m～　　　m 査定図（□有 □無）
·狭あい道路申請	□無 □有 方法（　　　　　　　　　　　　　　　　　　　）
·43条但し書き道路の手続き	□無 □有 方法（　　　　　　　　　　　　　　　　　　　）

G ライフライン関係

·公共下水道	公共下水（□合流式 □分流式 □集中浄化槽式） 浄化槽（□要 □不要）
·汚水	側道路 本管管径　　mm 引き込み管径　　mm 　　□引き込みなし
·雨水	側道路（□本管 □U字溝）管径　　mm 引き込み管径　　mm □引き込みなし
·雨水浸透制限	雨水浸透制限（□有　□無）オーバーフローの接続（□可　□不可）
·上水	側道路 □本管管径　　mm 引き込み管径　　mm □引き込みなし
	水圧　Pa 上限水栓数　栓　増圧ポンプ：□要、□不要　受水槽：□要、□不要
·都市ガス	側道路 □本管管径　　mm 引き込み管径　　mm □引き込みなし □LPG
·電気	想定引き込み方向　　　　　　　側
·光	□有（会社名　　　　　　　）□無（メタル回線）
·CATVなど	□有（会社名　　　　　　　）□無

H 現地調査＋その他の調査

·既存家屋	□無 □有（築年数　　年 規模　　㎡・坪）
·敷地内の高低差	□無 □有（高低差　　m　　　安息角確保（□可能 □不可能））
·道路との高低差	□無 □有（高低差　　m　　　安息角確保（□可能 □不可能））
·敷地内の擁壁	□無 □申請済み擁壁 （許可番号　　　　　　　　　　　　　）
	□RC擁壁 □間知石積擁壁 □石積擁壁 □不明（　　　）高さ　　m
	水抜き孔（□有 □無）ひび割れ、ずれ、はらみなど（□有 □無）
	擁壁の再築 （□容易 □難）
·車両アクセス	□良好 □悪い 障害物（　　　　　　　　　　　　　）
·旗竿幅員	□非旗竿地 □旗竿地（敷地延長部 幅員　　m 延長　　　m）
·地盤状況	ジオダスによる地盤状況（□軟弱 □良好 □不明 □その他（　　　））
·地盤改良のしやすさ	□容易 □難（車両アクセス、重機自走など考慮）
·工事中の駐車場	コインパーキング（□上限有 □有 □無）その他の駐車場（　　　　）
·外渠の高さ	□3cm以下 □10cm以上
·境界杭	□無 □有 □一部有り（種類と位置　　　　　　　　）
·眺望の優れる方向	方位（　　　　　　）見えるもの（　　　　　　　　）
·その他の資産	公園、オープンスペース、樹木など（　　　　　　　　）
·隣地窓目隠し	□有 □無　距離（1m未満、1m以上）
·浸水履歴	□有 □無　可能性（□高い □低い）

まず、聞いておきたい「高度斜線」と「防火規制」

　電話で確実に聞いておきたいのは「高度斜線」と「防火規制」(防火、準防火地域等)です。これらは、建ぺい容積と同様に建物の規模や資金計画を大きく左右するものだからです。

　高度斜線は北側斜線よりも厳しく、2階建てでも屋根部の形状に影響を与えます。高度斜線は地域ごとにルールが異なりますので、「始まりの高さと勾配」も合わせて聞いておきます。

　防火規制は建築のコストに影響を与えます。木造建築の場合、準防火地域がかかると、ざっと100万円ほどサッシのコストは上がると言われています。加えて、大きさの制限もあるので、大きな窓が設けにくくなります。住宅密集地エリアでは、通常の防火、準防火以外にも、「新たな防火規制」がかかっていることがあります。新たな防火規制がかかるとほとんどの場合、準耐火建築が要求されます。また、市街地では防火、準防火がかからなくても、エリア全体に「法22条地域」が指定されていることがあります。外壁に木が使いにくくなるのでこれもチェックしてください。

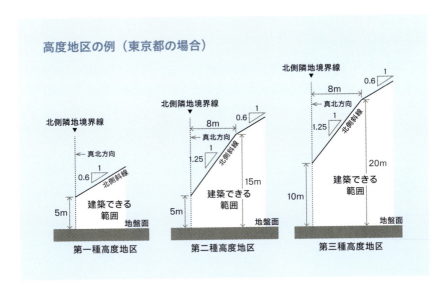

高度地区の例(東京都の場合)

役所訪問は半日を見積もっておく

電話であらかたの都市計画情報は入手できますが、「道路、上水道、文化財」など役所に出向かないかぎり教えてくれない情報もありますから、どのみち役所訪問は必要になります。できるかぎり早い段階で関係各課を回りましょう。

なお、目的の課が1つだけならすぐ終わりますが、特に上水道関連課は別の建物であることも多いです。役所ヒアリングは半日程度の時間がかかるつもりで、たっぷり時間をとっておいてください。

まず、都市計画課で電話ヒアリングの内容を再確認

役所に着いたら、まず最初に訪問するのは都市計画課です。電話ヒアリングの内容を再確認するとともに、都市計画施設（計画道路など）、風致、地区計画、建築協定、区画整理、緑化など、そのエリアのローカルな制限があるかどうか、特に確認申請以外の特別な手続きがあるかどうかをたずねます。どのようなことをたずねるかはp.106のチェックリストを参照してください。

また、それら手続きの担当課と、その課の庁舎名、階数、場所なども、最初に訪れる都市計画課で聞いておくと無駄がありません。

敷地が小さい場合は、敷地面積の最低限度と、その取り扱いも必ず調べてください。敷地面積の最低限度は、建築基準法のみならず、地区計画などでも指定されている場合があります。一般に、「敷地面積の最低限度」の施行日以前に分筆登記（売買や所有権の移転のため、一筆の土地を複数の筆に分割する登記）が完了している土地であれば、ほぼ再建築は許可されます。

104

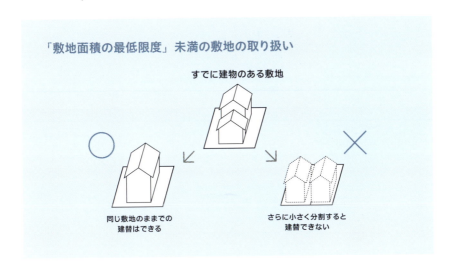

● 申請前の手続きに関する課を回る

　次に行くのは、確認申請前に手続きが必要な課です。確認申請前に必要な手続きは、2項道路、地区計画、土地区画整理法76条、都市計画法53条（計画道路内の建築物）、宅造法、風致地区、埋蔵文化財など、たくさんの種類があり、それぞれ担当の課が異なります。これらの制限がかかる場合は確認申請の前に審査されるのが一般的です。手続き自体は書類1枚＋図面数枚ですむ難易度の低いものもありますが、手続きを怠ると、確認申請の提出が月単位で遅れますので注意してください。規制内容や手続き手順がパンフレットやフローになっていることもあるので、詳細内容確認のためにも、担当課で忘れずに入手しましょう。

　また、普通の戸建て住宅でも確認申請前に事前相談を経ていないと、本申請が出せないという形式をとっている行政庁もあります。事前相談に2週間程度要求されることがあるので注意してください。

建築確認申請以外の特別な手続きの例

申請時期	申請内容	担当部署の例
確認申請前	□ 確認申請事前相談	建築課
	□ 狭隘道路（2項道路）の申請	
	□ 中高層条例の届出・標識設置	
	□ 43条但し書き道路の申請	
	□ 崖条例・急傾斜地の申請	
	□ 地区計画の届出	都市計画課・まちづくり課
	□ 計画道路内の53条許可申請	
	□ 風致地区の申請	
	□ 確認申請前事前相談	開発課
	□ 市街化調整区域の申請	
	□ 宅地造成法関係の相談・申請	
	□ 緑化計画の手続き	みどりと公園課・緑地課
	□ 雨水浸透施設の申請	下水道課
	□ 農転手続き	農業委員会
	□ 埋蔵文化財事前相談・申請	教育委員会
	□ 区画整理法76条申請	区画整理課
	□ 建築協定の相談・届出	協定運営委員会
確認申請同時	□ フラット35適合申請	建築課、指定確認機関
	□ 長期優良住宅の申請	
	□ 認定低炭素住宅の申請	
確認申請後	□ 各種補助金申請	担当課
	□ 各種設置報告・完了報告	
	□ 生垣助成	

フラット35適合住宅、長期優良住宅、認定低炭素住宅の申請など、確認申請とほぼ同時に提出する申請もあります。どれも書類作成に時間がかかるので、制度を利用する場合は早めに書類作成を始めたほうがよいでしょう。

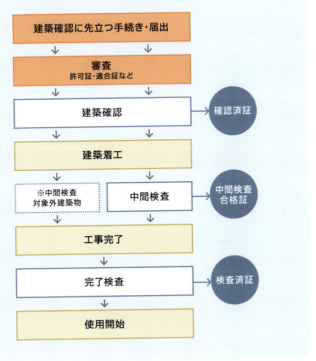

　埋蔵文化財包蔵地（文化財が出土する可能性があるエリア）内に建設する場合も確認申請前の届出が必要です。包蔵地の指定は通常、電話では聞けないので、担当課（教育委員会など）で包蔵地がプロットされた地図を閲覧してください。

　包蔵地に該当した場合は、緩和規定（住宅で基礎が浅い場合は、そのまま建設が許可されることがあります。その場合でも、地盤改良が必要なときは要相談です）、工事の立ち合い方法（試掘または基礎工事のときの立ち会いが必要になることがあります）、文化財が出土した場合の工期や費用負担（通常個人住宅の場合、調査自体の費用負担を求められることはありませんが、発掘調査の期間工期は遅れます）についても一緒にヒアリングしておきましょう。

● 道路関係課で聞くこと

建築物の敷地が4m以上の道路に2m以上接しているという「接道」は建築基準法の最も重要なルールの1つです。

道状に見えても建築基準法の「道路」ではないから建築ができないということはよくあるので、役所ヒアリングではこの道路かどうかの確認が欠かせません。道路種別、所有区分、管理区分、確定図（査定図）などが複雑に絡むデリケートな問題なので、電話ではまず教えてもらえないため、**役所ヒアリングのメインイベントはこの接道関係の確認となります。**

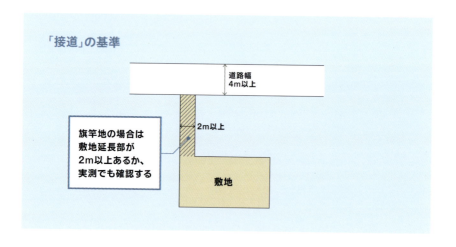

公道で4m以上の幅員がすでにある道路法の道路（法42条1項1号道路）であれば何の心配もありません。道路種別、道路名、認定幅員を確認して記録、境界が確定していれば「境界確定図」を入手しておきます。位置指定道路（法42条1項5号道路）の場合は、その指定図を取り寄せておけば確認申請上は問題ありません。

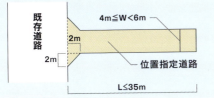

● 2項道路や但し書き道路

　道路が4m未満の場合には、「2項道路（法42条2項道路）」に指定されているかどうかを確認します。ほとんどの場合、確認申請に先立って行う「狭隘道路」の申請をすると、道路境界線の後退距離が確定し、建築することが可能になります。

　道路法の道路、位置指定道路、2項道路に該当しない場合は、特定行政庁が一定の条件のもとに許可する「43条1項の但し書き」が使えるかどうかを調べます。このルールが使えれば建築は可能ですが、かなり厄介な申請なので申請の難易度、かかる時間について聞いておくとよいでしょう。

上水道関係部署で調べること

給水の引き込みは建築主の費用負担で行うのが原則です。道路のアスファルトの撤去、再舗装などを伴うため、結構高額な費用となります。コストは本管の径、引込み距離、道路の復旧幅、交通量などによって変動するため一概には言えませんが、50万〜100万の費用がかかるのが普通です。

上水の引き込み状況は言った言わないのトラブルを避けるためか、電話ではまず教えてもらえませんので水道課（水道局）に行って、管径、管種、ルート、メーターの位置などを確認しなければなりません。

家が現在あって、すでに上水が引き込まれている敷地でも、管の口径や種類が基準を満たさないと、家の建て替えの際、引き込み管をそのまま使えないケースがあります。一般に2階建て程度の戸建住宅であれば引き込み管は20mm径で足りますが、13mm径ならまず敷設替えが必要になります。また、径が足りていても古い引き込み管で鉛管や鉄管が使われている場合も、やはり敷設替えが必要です。

2項道路でセットバックが必要な場合はメーターや止水栓の位置を確認しましょう。道路内にメーターがある場合は、宅内に移動しなくてはならないからです。引き込み管を凍結させメーターを動かすには10万円程度の費用が必要になります。

最も注意が必要なのは敷地の前面道路が私道で管が細い場合です。私道内の管が隣家と共用で引きこみ管を太くできない場合は公道から延々と引きこまなくてはいけなくなるからです。そのための費用は数百万単位になることもありえます。

給水のしくみ

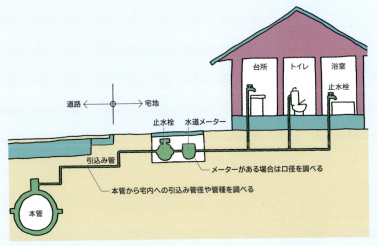

給水は本管からの引込み管に注意する

引込み管径の目安

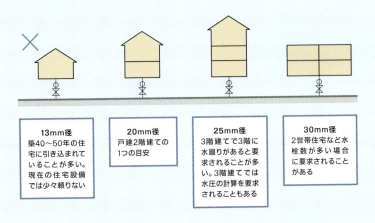

13mm径
築40〜50年の住宅に引き込まれていることが多い。現在の住宅設備では少々頼りない

20mm径
戸建2階建ての1つの目安

25mm径
3階建てで3階に水廻りがあると要求されることが多い。3階建てでは水圧の計算を要求されることもある

30mm径
2世帯住宅など水栓数が多い場合に要求されることがある

径が小さいと敷設替えが必要になる

● 建築指導課では概要書を入手

　建築指導課では周囲の建物の「建築概要書」を入手しておきましょう。古いデータは破棄してしまっているケースもありますが、残っていればコピーをもらえます。現地調査の計測データと合わせれば、隣家の家のボリュームを比較的正確におさえられます。

　また、建築指導課の構造担当部門で地域のボーリングデータ（地盤の固さを示す尺度N値と土質を同時に調べる地盤調査）を閲覧できることがありますので、N値、土質、地下水位などを確認しておくとよいでしょう。

　大きな小屋裏収納や大きなバルコニーを計画する場合は、面積などの取り方を事前に建築指導課に聞いておきます。

　小屋裏収納の面積制限や高さ制限1.4m以下は、全国共通の指導になっていますが、小屋裏収納の形状、固定階段の可否、収納内に設ける窓の制限については各行政庁により対応がさまざまです。都内では余剰空間とみなせる形状に制限をつける区、エアコンを設けるのを不可にする区もあります。

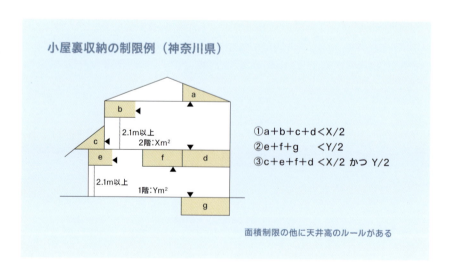

小屋裏収納の制限例（神奈川県）

① $a+b+c+d < X/2$
② $e+f+g < Y/2$
③ $c+e+f+d < X/2$ かつ $Y/2$

面積制限の他に天井高のルールがある

明文化されたものがあれば、民間の確認機関であってもそれにもとづいて指導されるので、計画地の行政庁の定める基準集などを事前に入手しておくとよいでしょう。
　同様にバルコニーなどにおいて、すのこ状の床が建築面積・床面積に算入されるかどうかも、確認しておきましょう。

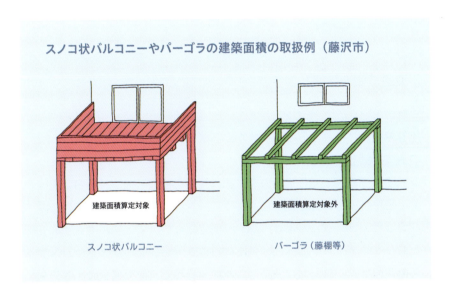

スノコ状バルコニーやパーゴラの建築面積の取扱例（藤沢市）

4. 何にどれだけ
お金がかかるかを
知っておく

● 資金計画を提案しよう

　ほとんどのクライアントにとって、建築作りは初めての経験です。設計事務所に依頼することを最初から決めている場合でも、カツカツの資金計画をしている場合がほとんどです。予算不足となっては設計を受注することもできないので、私は初回の相談時には、建物の希望額、想定規模、自己資金の額、使うローンの種類や金額、返済可能額などをヒアリングし、予算の配分や不足額についてアドバイスすることにしています。**その際、必要となる建築関係費のみをアナウンスするのではなく、ローン関係費、土地関連費等も含めた資金のすべてを、エクセルの表にして見せています。**

　この手の資金計画は、通常所長の仕事かもしれませんが、一度エクセルでフォーマットを作っておけば、ローンの利率と坪単価などの条件をちょっと変えるだけで概算金額は算出できますから、みなさんの事務所でも所長と相談しながら作ってみるとよいと思います。

　ここでは、自己資金約700万円のクライアントが、4500万円のローンを組んで、2000万円の土地に30坪の家を建てるケースで表計算してみましょう。

⁚ ローン関係費

　ローン関係費の中に入ってくるのは、住宅ローン関係費、つなぎ融資関係費、団信の保険料、抵当権設定の登記費用といったところです。

　金額が比較的大きいのは住宅ローンの保証料（フラット35の場合は事務手数料）ですが、**ローン額が多い場合はつなぎ融資の金利や手数料も結構な金額になります。**

ローン関係費のリスト

住宅ローン関係費用		価格	消費税(8%)	総額
融資事務手数料	フラット35の場合： 楽天 フラット35S 1.08%	486,000		486,000
住宅ローン保証料	銀行の場合：1,000万円 （35年返済の場合） 当たり20万円前後が目安。	0		0
ローン用収入印紙	金消2万円 口座振替200円	20,200		20,200
つなぎ融資事務手数料	楽天	108,000		108,000
つなぎ融資利息	土地の9/10を11ヶ月、 工事費の1/3を6ヶ月、 工事費1/3を3ヶ月で略算※	598,269		598,269
つなぎ用収入印紙	土地：2万 建物1回目：1万円 建物2回目：1万円	40,000		40,000
団体信用生命保険料	フラット35の場合： 1000万あたり35800円	161,100		161,000
抵当権設定登記手数料	司法書士等報酬	31,000		31,000
登記関係書類取得	仮登記解除、住民票、 印鑑証明書、登記事項証明書、 謄本取得	6,000		6,000
登録免許税	ローン関連、 融資額の0.1%	45,000		45,000
			小計	1,495,569

※つなぎ融資の金利は2.67%で計算

115

設計事務所でローン関係費の概算をはじくときには、ひとまずフラット35を前提にざっくりと入力しておけばよいでしょう。

　なお、つなぎ資金については設計事務所からも内容を説明しておきましょう。注文住宅を建てる場合、住宅ローンが下りるのは完成時です。しかし、通常は土地購入時や工事中にも資金は必要で（工務店への支払いは通常分割払いで、契約時、上棟時などに、それぞれ工事金額の1/3 〜 1/4程度の資金が必要）、このために利用するのが「つなぎ融資」です。つなぎが使えない金融機関もありますから、注意して借入先を決めなくてはいけません。

土地関連費用

　土地関連費用に入ってくるのは土地の費用、仲介手数料、登記費用、税金です。仲介手数料は基本的に一定なので、計算は難しくありません。このケーススタディでは、土地価格の5 〜 6%程度の費用が余計にかかりました。

土地関連費用のリスト

土地取得費用		価格	消費税（8%）	総額
土地価格		20,000,000		20,000,000
仲介（媒介）手数料		660,000	52,800	712,800
売買契約書印紙代		10,000		10,000
所有権移転登記	司法書士等報酬	43,000		43,000
登録免許税	15/1000 or 20/1000	280,000		280,000
土地不動産取得税	軽減処置あり ゼロになることも多い	0		0
公租公課 （固定資産税など）	都市計画税、固定資産税の日割り計算 （更地 半年として）	98,000		98,000
			小計	21,143,800

建築関係費

建築関係費に入ってくるのは建築工事費に加え、設計管理料や各種申請の手数料、火災保険、建物の登記費用などです。

住宅の規模はクライアントと相談しながら決めてください。我慢できる範囲でできるだけ小さめにしておくのがよいでしょう。これに坪単価をかければ、基本予算が決まります（事務所の平均的な坪単価は基準法の床面積、施工床面積の両方で別途はじいておきます）。

事前に行った各種調査を参照しながら擁壁、古家解体、給排水引き込み、防火サッシ、外構費用などの個別条件を加えます。地盤改良は70万〜100万程度であらかじめ算入しておきます。

火災保険は、火災10年地震5年で30万円程度見ておきます。

ケーススタディでは本体工事費の1.2倍程度の費用が、建築関係費としてかかる計算となりました。

建築関係費の内訳

	ベース	オプション
本体工事費	坪単価×坪数×(1＋税率)	防火 引込 左官 家具 解体 擁壁 塀
	地盤改良 外構 その他 設計料	本体工事費の2〜3割程度

建築関係費のリスト

土地取得費用		価格	消費税(8%)	総額
本体工事金額	73万×坪数 （過去の実績より想定）	21,900,000	1,752,000	23,652,000
地盤改良	最初から見こむ	700,000	56,000	756,000
外構工事	駐車場舗装のみ フェンスなし	300,000	24,000	324,000
工事請負契約（印紙税）		10,000		10,000
給排水引込	要確認	0	0	0
2世帯住宅割増		0	0	0
準防火地域サッシ割増		0	0	0
擁壁・深基礎		0	0	0
古家解体		0	0	0
狭小地、旗竿地割増	延長配管、手起こし、 小運搬	0	0	0
敷地外周部フェンス		0	0	0
その他要望	床暖、左官内外装、 在来浴室など	0	0	0
設計料		2,700,000	216,000	2,916,000
確認申請手数料		40,000		40,000
中間検査手数料		20,000		20,000
完了検査申請手数料		40,000		40,000
フラット35 書類作成費用		50,000	4,000	54,000
フラット物件検査手数料		100,000	8,000	108,000
構造設計料		0	0	0
狭あい道路の申請		0	0	0
都市計画法53条申請		0	0	0
風致地区申請		0	0	0
遠隔地交通費		0	0	0
火災保険料・ 地震保険料	省令準耐火 火災保険10年 地震保険5年	300,000	-	300,000
表題登記 （登録免許税不要）	土地家屋調査士報酬	80,000	-	80,000
保存登記	司法書士等報酬	20,000	-	20,000
保存登記登録免許税	建物評価額 （工事費の60%）の0.15%	19,710		19,710
不動産取得税	建物取得分 （評価額-1200万円）×3%	0		0
			小計	28,339,710

必要に応じて算入する

必要に応じて算入する

その他費用

その他の費用としてはカーテン、エアコン、照明、置き家具の費用、祭事費用、引っ越し仮住まい費用などがあります。普段の給料から捻出される費用もあるとは思いますが、ひとまず一覧に入れておく方が安全です。

その他費用のリスト

その他費用		価格	消費税(8%)	総額
カーテン、ブラインド		200,000	16,000	216,000
エアコン		300,000	24,000	324,000
照明		100,000	8,000	108,000
水道分担金	別途	0	0	0
家具	別途	0	0	0
地鎮祭	別途	0	0	0
上棟式	別途	0	0	0
引越し費用	別途	0	0	0
仮住まい費用	別途	0	0	0
			小計	648,000

5. 初訪問時は「測りまくり」「聞きまくり」

PART 2 本格お仕事編

訪問の目的

設計が始まったら早い段階でクライアントの住まいを訪ねるのがよいでしょう。その人の生活ぶりや家の問題点を知ることで、新居で実現すべき目標がはっきりすることも多いからです。訪問したら、あとで見られるように写真を撮影し、新居と比較できるように1/100の平面図を作図しておくとよいと思います。

散らかり具合の確認

経験的に言うと、今の散らかり具合が新居でも維持されます。残念ながら収納量はあまり関係ありません。物が多い人は新居でも物が多いままです。片づけ下手の人は必ず見えない収納を希望されますが、使わない物をしまう収納にお金をかけるのはもったいないですから、できるかぎり引越前に捨ててもらいましょう。

なお、物が多い場合、仕上げはすっきりさせましょう。構造用合板などの節や木目の強い材料が背景になると、余計散らかって見えるからです。

大型家具・家電の確認

新居に持っていく大型家具・家電の寸法を計測します。たくさんあ

120

る場合は、事前に新居で使う予定の大型家具、家電の寸法を（間口×奥行×高さ）の形でリスト化してもらいます。

訪問時はリストを1つずつ写真に撮りながら、開閉方式や動作寸法を確認してゆくとよいでしょう。

絶対に寸法が必要になるのは冷蔵庫、洗濯機の他に、電子レンジやピアノなどがあります。

収納量の把握

収納量は服、靴、本、その他に分類し、そのそれぞれを計測します。
服はハンガー物とタンス・衣装ケースに分類。ハンガー物はハンガーの総延長で、タンス・衣装ケースは体積で全体量をおさえます。靴も横に並べた場合の総延長でよいでしょう。本は大きさ別に、間口の総延長を計測しましょう。

その他、屋外グッズも忘れずに。ガレージや外物置などに結構大量の物がしまわれていることも多いです。

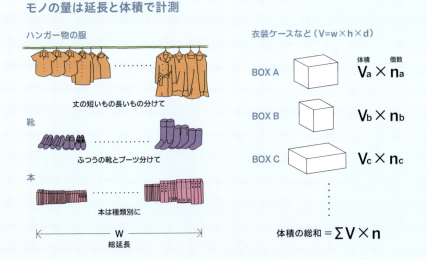

モノの量は延長と体積で計測

基礎的条件のヒアリング

暮らしぶりや収納量が大体わかったところで基本的な設計条件もヒアリングしておきましょう。

下記にまとめた項目は設計の大きな縛りになるのでとても重要度は高いのですが、条件に縛られすぎるとつまらない家になってしまうことがあるので、口頭でさらっと聞いて設計サイドで文書にまとめる方がよいでしょう。

駐車場

敷地が狭い場合は駐車場が最も大きな設計の縛りになります。必要台数、駐車方法（直角駐車か縦列駐車か）、車種、乗る頻度なども聞いておきます。買い替えもあり得るので、今の車はあとどのくらい乗るつもりなのかも確認しましょう。

家族の人数や特徴

家族構成が家の規模や動線を大きく左右します。新居ではまず誰が住むのかを聞いてください。頻繁に親御さんが泊まりにくる家なら専用の客間を設けるか、LDKなどの一部を兼用するかなどを相談しておきましょう。

機能や使い勝手

LDKを1階にするか2階にするかは大問題です。浴室や寝室なども、設置する階数のこだわりをヒアリングします。

家事動線に注目していることがわかったら、食品庫はどうしているか、洗濯の干し場、洗濯機、収納の関係はどうか、使いやすいのかどうかを聞いておきます。寝室はふとんなのかベッドなのか、その上げ下ろしをどう考えているかも確認します。

使い勝手は今の住居の中で聞くと問題点を発見しやすいと思います。

性能のこと

　耐震性や断熱性はデザインと別に考えられるので、要望してもらっても大した影響はありませんが、満足度を上げるために今の家の暑さ寒さや結露状況、家族の温熱感覚の個人差などはヒアリングしておきます。

家相・宗教のこだわり

　仏壇や神棚などがある場合は特に、宗教・家相のこだわりがあるか聞いておきましょう。仏壇の設置方位も確認しておきます。

6. スクラップブックで お施主の本音を 引き出す

PART 2　本格お仕事編

快適で愉しい家

　設計事務所に依頼するクライアントがほしいのは、一言で言えば「自分や家族が愉しめる家」です。

　ですので、設計者が知るべきなのは、他の家族とは異なるその家族の特徴や個性ということになります。

　ところが、設計者に要望を伝える段階になると失敗したくないという気持ちが沸き起こるのか、まじめな人ほど目標となる性能や機能、使い勝手を最初から数値や文字にして事細かに要望してしまうものです。数値や文字が出されると設計者はそれに縛られざるを得なくなりますから、愉しめる家という夢は一歩遠のいてしまいます。

　「愉しめる家」という最も大切な要望をたくさんの雑多な要望の海に埋もれさせずに、本当にクライアントが実現したいイメージだけを導き出すにはどうしたらよいでしょうか。

スクラップブックを作る

　ヒアリングシートのようなもので隈なく聴くのは、要望の優先順位もはっきりしませんし、すべての要望が事細かに定義されてしまうのでよくありません。**クライアントが愉しい家の抽象的なイメージを設計者に直接伝えるには、事例の写真やイラストを使うのが一番です。**なかなか言葉にできない好み、要望であっても、写真やイラストなら、

文字や数値にすることなくそのニュアンスを伝えられるからです。設計がスタートしたら「自由にスクラップブックを作ってください。その写真を選んだ理由も教えてください。細かな要望は設計作業をしながら考えてくだされば結構。一度出した要望を引っ込めて構いません」とクライアントに頼むだけで、本当にやりたいことを知ることができます。

　なお、写真を集めてもらうときには、半分はイメージを共有しやすい、その設計事務所の事例、もう半分はpinterestなどで集めた優れた設計事例としてもらうとよいでしょう。デザインを無視して、単に便利で使い勝手がよさそうなだけの、生活感あふれる写真を集められると、「美しく愉しい家」になりにくいからです。

スクラップブックの例

手書きのコメント入れてもらう

pinterestの例

http://jp.pinterest.com/

スクラップブックの読み方

スクラップブックはビジュアルイメージの集まりですから表現しにくいことも当然ありますが、設計に必要な情報は口頭でも十分聞けますから、スクラップブックを読み合わせしながら、順次質問していけばよいでしょう。**豊富なイメージ写真は設計のさまざまなシーンで活躍することになるはずです。**

テーマ決め

まずは家作りのテーマ決めです。その家族にとっての「愉しい家」とはなんなのか、家族が仲良くなる家なのか、自然を感じる家なのか、生活が変わる家なのか、そういった抽象的なイメージについて事例写真を見ながら相談してください。**「機能でも性能でもない、その家族にとって一番大事な何か」**を感じとれればOKです。

形や素材の好み

形状、素材、色合いの好みは写真を見れば一目瞭然です。外観の写真からは形の好みをつかみます。私の過去のクライアントから考えると、どうも、四角い箱型が好きな人と、勾配屋根が好きな人がいて、その好みは最後まで変わらないことがほとんどです。斜線制限と太陽光・太陽熱利用をするかしないかの情報を念頭に置きながら、好みの形を実現するにはどういう方法があるかアドバイスするとよいでしょう。

127

PART 2 本格お仕事編

CHAPTER *4*

ワンランク上の
設計を実現する
7つのシンプルルール

簡単に実践できて、グッと建物の魅力を引き上げる
「秘密のテクニック」をご紹介します。

1. ボリューム出しの決め手は「真四角＋シンプル」

外観は四角形で作る

　敷地や法規の基礎調査が終わったら、次にやるのはボリューム出し（建物の輪郭をラフ決めすること）の作業です。法的な条件や要望を満たす、できるだけ単純な立体を見つけます。奇をてらう必要はありません。一切の恣意を排し、ともかく「単純に」描いてみてください。

　理想は真四角形状です。グーグルマップの航空写真で町中の建物の形を調べてみても、洋の東西を問わず名作と呼ばれる住宅を調べてみても、平面は1個または数個の四角形でできているはずです。**四角形でまとめられれば、それは正解の1つなのです。**

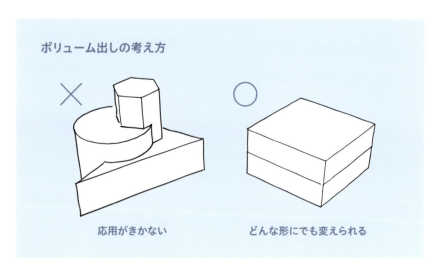

ボリューム出しの考え方
× 応用がきかない
○ どんな形にでも変えられる

単純な直方体でもわずかな変更を加えるだけで、多様な形態に変わります。規模・プロポーションを意識して、ベースとなる四角形を決めてください。

総2階、規模はコストを意識して

住宅の計画であれば、まず「真四角平面、総2階（または平屋）、面積やや小さめの「nLDK」」という、かぎりなく単純な条件でボリュームを描いてみてください。全体の規模は、法規、居住者の人数、事務所の平均的な坪単価から決めるとよいでしょう。

細かい間取りを考える必要はありません。同規模のハウスメーカーの事例を調べて、頭に入れておけば十分です。まずは標準解をおさえる意識でよいのです。

狭小地では駐車場に注目する

敷地が小さい場合は駐車場の計画を建物よりも先行する必要があります。土地が40坪以下程度であれば、駐車場によって家の形が決まることも多いので、家の形を決める前に駐車場を決めましょう。縦列

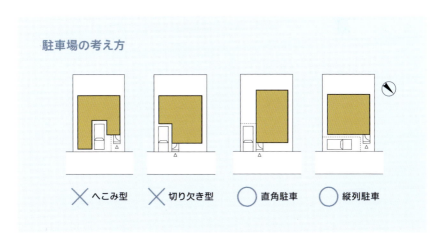

駐車場の考え方

駐車でもよいから、できるだけ建物の形がL型にならないように工夫してください。また、車と玄関の関係にも注意してください。「車を停められるけど、玄関ドアが開かないとか、カニ歩きしないと家に入れない」では困ります。

斜線は2方向以上にかかることも

都市部では建ぺい容積と、斜線制限で建物の形が決まることも多いです。外観決定の決め手になりますから、形態の決定に先立ち調べておきましょう。敷地と方位が振れている場合は、敷地の2方向以上に北側斜線、高度斜線がかかることがあります。これは新人さんが失敗しやすいものの1つです。また、地積測量図などの方位は磁北であることも多いので、特に注意してください。

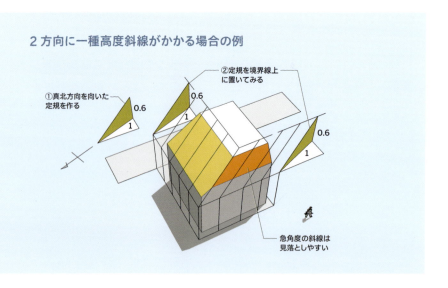

2方向に一種高度斜線がかかる場合の例

斜線制限は制約ではありますが、隣地も同じ斜線規制を受けるため、その建築にとってよい面もあります。たとえば高度斜線を逆手にとって上空利用をすると、密集地でも明るい家が作れます。

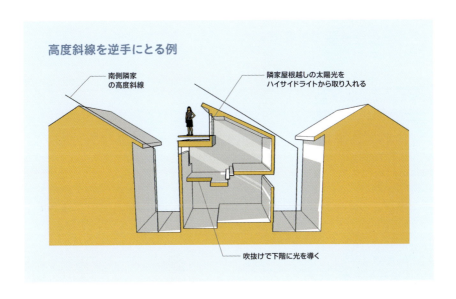

高度斜線を逆手にとる例
- 南側隣家の高度斜線
- 隣家屋根越しの太陽光をハイサイドライトから取り入れる
- 吹抜けで下階に光を導く

　なお、斜線制限がよけられるならよしと言わんばかりに、斜線めいっぱいに建てるのは考えものです。斜線いっぱいの片流れは形もインテリアも落ちつきません。**斜線の範囲内の切妻など、できるだけ単純で幾何学的に安定感のある形状を見つけてください。**

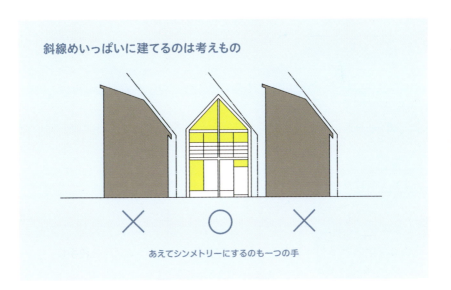

斜線めいっぱいに建てるのは考えもの

あえてシンメトリーにするのも一つの手

● 屋根の形は要望も意識する

　屋根の形が要望から決まってくることもあります。クライアントの形に対する好みは様々で、勾配屋根が好きな人もいれば、四角い箱型が好きな人もいます。

　他にもロフトを設けるために屋根を高くするケース、太陽光発電のために屋根を勾配にするケースなどが考えられます。いずれにしても、法的な斜線を意識しながら要望を満たす適切な屋根の形状、軒の出、角度を決めましょう。

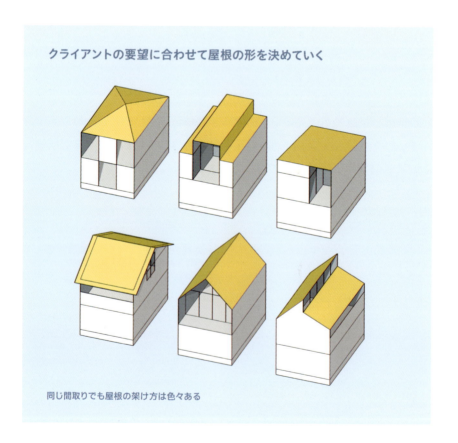

クライアントの要望に合わせて屋根の形を決めていく

同じ間取りでも屋根の架け方は色々ある

異勾配を組み合わせた特殊な屋根形状。2 階からの眺望を確保しつつ、軒をできるだけ下げ、夏期の日射をさえぎる

2. 間取りの前に 外観を決める

間取りから考えない、平面作りは後回し

　ボリューム出しの作業が終わったら、普通はここで間取りを詰めることになると思います。

　しかし、間取りを決めたあとに屋根や窓を考えるというやり方をしているかぎり、魅力的なデザインは生み出せません。間取り作りの作業の前に必ず外観のイメージを作ってください。そもそも建築の外観、つまり建築の輪郭が決まっていなければ、間取っていくこともできないのです。

　従来型の住宅設計の順番、「間取り→窓→屋根→構造」に対し、**私が考える理想的な設計の順番は「外観→空間→架構（骨組み）→間取り」です**。最初に輪郭を決めて、空っぽの空間を作り、骨格を与え、最後に間取りを決めるという方法です。全く逆のアプローチですが、これが豊かな建築を生み出す正しい手順です。

✕　間取り → 窓 → 屋根 → 構造

◯　外観 → 空間 → 架構 → 間取り

●「中間領域法」で外観を決める

　大学の住宅の課題で、「ひとまず間取りを描くのは禁止、中間領域から外観を考えるように」と指導したことがあります。中間領域というのは、内部と外部の性格を併せ持つ「縁側」や「オープンカフェ」のような空間です。矩計図や構造図などを描かなければならない構法の授業なので、黙っていると案は保守的なものになりがちなのですが、この指導の直後、短時間のうちに多様なバリエーションを持つ案が生み出されました。

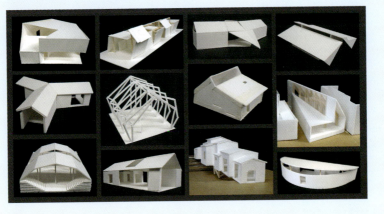

学生が実際に作った模型

　外観なのに、「中間領域から考えるように」と指導したのには理由があります。「形から考えろ」と言ってしまうと、彫刻的な面白さを求めて、丸や三角といった、無根拠な必然性のない形が出がちだからです。

魅力的な建築には、ほぼ間違いなく、内部と外部との間に「内外を関係づける魅力的な仕組み＝中間領域」が備わっています。ちょっとずるいやり方のような気もしますが、その魅力的な仕組みを作ることを第1の目的にして発想すれば、平面等ができたあとに魅力を付与する方法をあれこれ考える必要はありません。また中間領域は、外観と内部空間、両方の手掛かりとなるので、その後の作業がはかどります。

　この方法は設計するときとても有効なので、忘れないよう、以下「中間領域法」と呼ぶことにします。

　中間領域には次に示すようないろいろなパターンがあります。ここに描かなかった方法もあると思いますので、どんな方法が他にあるか、具体的な事例を参考にしながら皆さんも考えてみてください。

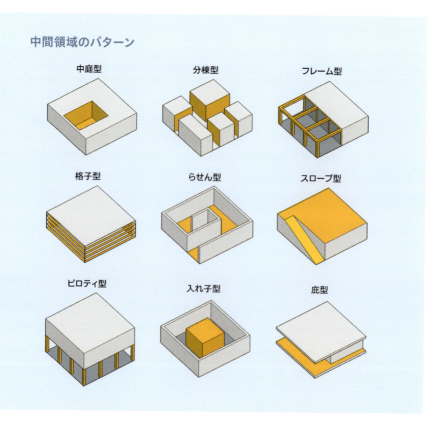

各種手法を組み合わせても構いません。たとえばコルビュジェのサボア邸ならピロティ型と中庭型の組み合わせ、上野の西洋美術館なら、ピロティ型とらせん型の組み合わせです。他にもさまざまなバリエーションが考えられるので、自分独自の中間領域を考え出すのもよいと思います。

建物のコーナーを三角形に面取りして作ったオリジナルの中間領域

3. 開口部は「風孔」でなく「間戸」で作る

● 窓のデザイン

設計事務所と工務店・ハウスメーカーを比較したとき、最も差が出るのが窓です。

人間の表情で言えば目鼻に当たる重要な要素。窓を見れば設計者の能力がわかると言ってもよいくらい重要な部分です。真四角のサイコロみたいな家でも窓の取り方を工夫すれば、周囲の商品化住宅と差別化することが可能になります。

間取りを決めてから窓を決めるというのが、工務店・ハウスメーカーの一般的な設計法だと思いますが、**機能的な要求を満たした上で整った外観を作ろうと思うなら、間取りに先立って窓を考えるようにすべきだと思います。**「部屋の真ん中」に「幅1間程度の引き違い窓を設ける」というルールを外すだけでも、家の表情は大きく変わります。

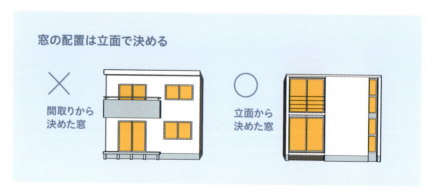

窓の配置は立面で決める

間戸
日本の伝統的な開口部

風の目
西洋の伝統的な開口部

窓の語源「間戸」と「風の目」

　日本の伝統建築の開口部は建具を開放すると柱と梁だけが残る造りになっています。開口部は柱と柱の間の戸ということで「間戸」という字があてられたという説があるそうです。

　一方、西洋の開口部は組積造の壁をうがってできる孔のイメージです。windowという単語はwind（風）のow（目）という意味。つまり「風孔」です。

まるまる抜く「間戸」と孔を穿つ「風の目」では大きさや開放性のイメージが変わります。**開口部のデザインを考えるとき、私はこの「間戸」と「風の目」を分けて考えるとよいと思っています。**

抜けを作る窓は「間戸」で

柱梁の構成でなくても、くっついていた面同士を切り離すと「間戸」ができます。**中間領域法で外観を考えるとき、「内外を一体化する」大きな開口部は「間戸」で設計してください。**面同士を切り離す「間戸」で、ドカンと抜いて外の風景、光、風などを効果的に取りこみ、中間領域を作り出すのです。天井までのフルハイトの掃き出し窓で、まるまる壁を抜いてもよいし、壁際・床際・天井際を抜いて面同士を分節してもよいでしょう。

窓はできるかぎり端から端まで「貫いて」設けるようにしてください。また「間戸」は外部のオープンスペースに向けてとるのが大原則です。そうすれば、室内が広々見えます。間戸の内側には人がたまれる場所を設けてください。

「風の目」はデザインを揃える

住宅の窓がすべて「間戸」ですめばデザインはまとまりやすいのですが、ほとんどの場合、**小部屋の窓は「風の目」の方で考えざるを得ないはずです。**裏方に配置されるのなら気にしないでも構いませんが、表に出てしまう場合は目立たないように、その数をできるかぎり少なく、かつ大きさは小さくした方がよいでしょう。

どうしても複数の窓が並ぶ場合は、できるかぎり「目」の形を揃えてください。全部正方形、全部スリット、全部長方形といった具合に、目の形を揃えれば、数は気にしないでよいでしょう。

理想的な「間戸」のあり方

窓は貫いて設ける

間戸の内側は
たまりを設ける

「風の目」はデザインを揃える

●「多方向から」「上方から」光を入れる

　日本の伝統的な建築の室内空間は薄暗いのが普通です。これは深く低い軒のせいということもありますが、開口部が南側に集中しているということも理由の1つです。

　開口部が南に集中すれば、家の中央部から北寄りはもちろん、南向きの壁の裏も薄暗くなります。

　隣家と窓の関係も重要です。市街地でよく目にするのは、南が隣家に塞がれているにも関わらず、1階のリビング前に大きな窓を設けた家です。暗いだけでなく、一日中お隣の壁を見て過ごさなくてはならなくなります。

窓は多方向へ向けて作る

明るくグレア（輝度の差から、周囲を暗く感じさせる「まぶしさ」のこと）の少ない室内環境を作るには**「窓は多方向に作る」**のがよいでしょう。窓によって、2方向、3方向に抜けができれば室内はもっと広く感じるようになるし、風の抜けもよくなります。

　もう1つのコツは**「窓は上方ほど大きくする」**ということです。太陽はいつも斜め上方にあるし、上に行けば行くほど光を遮る障害物はなくなるので、窓は上方にある方が効くのです。家の中央の吹き抜けに光を落とせば、密集地でも、日中照明のいらない家は作れます。温度差による煙突効果（暖かく軽い空気が上昇し、冷たい空気が誘引される現象）で風も抜けます。

窓は上方ほど大きくする

4. 広々とした空間は「スケルトン―インフィル」で作る

スケルトン―インフィルの発想

中間領域法でできた形に窓ができ、境界部のデザインが大体決まったら今度は建築を内側から眺めてみましょう。外皮の内側に魅力的な「空間」を作るのです。

目標はスケルトン―インフィル（構造躯体と内装・設備を分離した可変性のある作り方）を実践した、伝統的な日本の古民家のような空間です。広々としていて活動に応じて自由に使え、中間領域の恩恵を家中で感じられるようなスペースです。

しかし、プライバシーが要求される現代の建築でこういった「がらんどう」状態はどうやったら実現できるでしょうか？

ここで参考になるのは木造住宅の上棟時の風景です。建売住宅のような狭く感じる建物でも、上棟時だけは広々としています。建築の機能に関わらず、この上棟時のスケルトン状態、がらんどう状態を竣工後もキープできる作り方をすれば、ひとまず合格です。

スケルトンインフィルを実践した伝統的な民家（日本民家園 北村家住宅）

竣工後も上棟時のがらんどう状態を維持できる住宅

● 間仕切りを減らし、「抜け」を作る

　すべての機能を部屋に押しこめれば、プライバシーの維持は容易です。でも間仕切れば間仕切るほど、部屋は狭くなりますから、**まずは「本当に必要なところにだけ間仕切りを設置する」ということにするのがよいでしょう**。部屋によっては視線、音、匂い、風、光、すべてを遮る必要はないかもしれません。たとえば、主寝室や水回りはどうしても壁が必要ですが、子供部屋は、視線だけ遮れば大丈夫なこともあるでしょう。

　どうしても部屋にしなければならない場合は、**入り口を「引戸にする」**という作戦を使いましょう。引戸であれば、開けっ放しにすることも容易です。

　がらんどう空間を作るコツをもう1つ。**建物の端から端まで見通せる「抜け」を作る**のです。「間戸」の効果で外まで見通せるようになっていれば理想的です。視線をさらに遮る要素を極力排除して、遠くまで見通せれば、家は広々感じられます。

間仕切りを減らし、抜けを作る

● 空っぽの空間をトコロテン法でデザインする

　空っぽの「空間」を上手にデザインするのは難しいもの。なにせ空っぽで実体がないのですから、デザインするにもどこから手をつけてよいかわかりません。

　でも、そんな状況でも魅力的な「空間」を設計できるとっておきの裏ワザがあります。それは、**平面から発想するのではなく、断面から発想する方法です**。私はこれを「トコロテン法」と呼んでいます。

　断面の効果を考えてみてください。私達は天井が高いと高揚感を、天井が低いと落ちつきを、うんと低いと圧迫感を感じます。壁の位置の僅かな違いには無頓着な人でも、高さの違いには敏感です。床にちょっとした段差がついただけでも、場所の性格の違いを感じとります。積極的に床のレベル差を作れば、縁側のように活動が促されるような空間も作り出せます。

トコロテン法で作った空間

そんなことを踏まえつつ、雨を流し、日射しを遮り、光を効果的に取り入れ、外部を積極的に引き込めそうな断面を1つ決めてください。そして、決めた断面をトコロテンのように押し出してみてください。

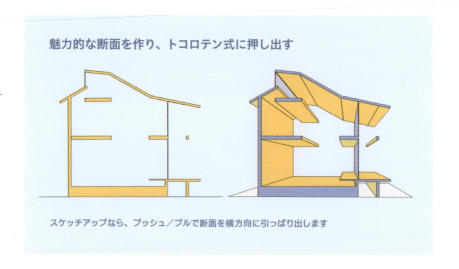

魅力的な断面を作り、トコロテン式に押し出す

スケッチアップなら、プッシュ／プルで断面を横方向に引っぱり出します

　スタートが魅力的な断面だから、押し出しても断面的魅力のエッセンスは残り、それが空間になって現れます。平面は単純な長方形になりますから、間取りをあとで入れこむのも簡単です。骨組みは、押し出した方向に繰り返すことを原則にすれば、無理がありません。

　住宅規模の建築であれば、このトコロテン法で作った1つか2つのボリュームで空間はほぼ完成します。私の設計した過去50軒の住宅を見ると、そのほとんどがこのトコロテン法で作ることができる形になっています。

　三十三間堂のように押し出した方向にはできるだけ見通しを確保してください。トコロテン法で作った形の途中のブロック、最後のブロックを外部にすると、中間領域が簡単に作れます。レーモンドの旧井上房一郎邸が、ちょうどこの作り方でできています。

トコロテン法は中間領域とも合性がよい

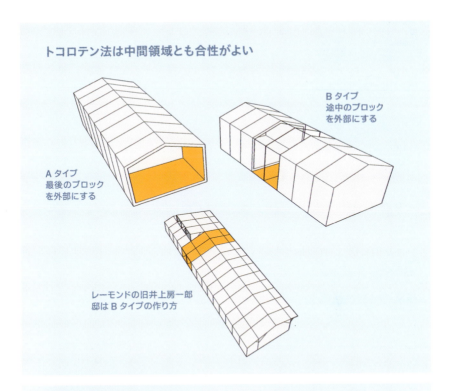

Aタイプ
最後のブロック
を外部にする

Bタイプ
途中のブロック
を外部にする

レーモンドの旧井上房一郎
邸はBタイプの作り方

トコロテン法Aタイプ事例。端部をバルコニーとしている

5. 骨組みや仕様は 「ワンパターン」で作る

構造と断熱、構法に対する意識

　自由度の高いがらんどうは耐震要素となる間仕切りが少ないのですから、組み方の工夫が必要です。また、吹き抜けの多いワンルームに近い構成では、高断熱化しないと単なる寒い家になってしまいますから、断熱に対する配慮も欠かせません。しかし、逆に言えば、構造と断熱さえおさえておけば、問題のない広々とした空間は簡単に作れるということです。特別なことは何もありません。フラット35の基準（金融公庫基準を引き継いだもの）をベースにして、外壁や屋根には通気層を設け、基礎高を400確保し、防風層の施工を確実にするなど、当たり前のことを当たり前にやるだけです。

耐震要素は外周でとる

　構造は職人の質に左右されにくい合理化工法（省力化・工期短縮を図るための工法）を採用するとよいでしょう。基礎はべた基礎（建物下部全面を盤状のRC造とする基礎）、床は根太レス（厚物合板で根太を省略する工法）で火打ちなしの仕様、壁は在来木造でも、2×4工法（北米では最も一般的な、合板と枠材で面作り、重力、地震、風に抵抗する工法）的に木軸に直接構造用の面材を打ちつけ、面で固める方法をとると筋交いなしにでき、簡単確実です。

　外周の柱は原則910ピッチで、耐力壁は基本的に家の外周壁で基準法の1.5倍を目標に確保してください。そうすると、室内は地震や風の影響を考えず、重力のことだけを考えればすむので、間仕切りの少

ないオープンな間取りを実現しやすくなります。

　小屋裏空間までをフルに使うオープンプランでは、屋根は厚物合板で固めるのがコツです。屋根を剛床にすれば、小屋梁と火打ちを省略でき、すっきりした室内を実現できます。

　家の中央部の柱は2間以内ごとに建て、極力上下階で位置を一致させてください。家の中央に大黒柱を配置する要領です。こうなると、間取りもそれにつられて同じ大きさの部屋を上下に積む方がまとまりやすく

なります。

　ともかく間取りより先に架構をイメージするのです。架構に合わせて間取りを調整しなければならないこともあるかもしれませんが、そうすることで、美しい構造体をあらわしにすることが可能になります。

デザイン住宅も断熱等級4が当たり前

　合理化構法を採用すると、断熱気密も確保しやすくなります。断熱性能は等級4を標準にしてください。一部の住宅ローンは等級4で、設備の基準を満たすと金利が安くなるというメリットもあります。

　等級4の高気密高断熱にすれば、間仕切りの少ないオープンプランの住宅でも、エアコン1〜2台で通年過ごすことが可能になります。東京などの6地域では、床、壁の断熱は充填断熱だけで仕様規定を満たせます。床はポリスチレンフォーム3種Bの65mm。壁は高性能グラスウール105mm。屋根は高性能グラスウール185mm程度で考えておきます。

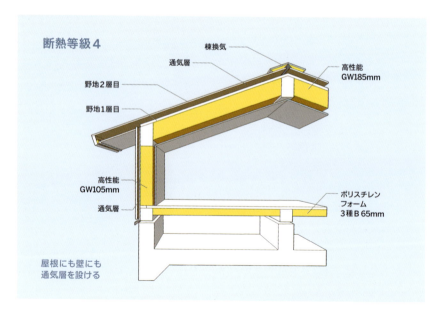

屋根には必ず通気層を設けてください。 通気層があれば、夏場に熱がこもることもありません。野地1枚で、通気と火打ちなしの構造を両立することは難しいので、野地は2重にして野地の間で通気をとるのを標準と考えておきます。

窓は少し贅沢に

一番熱損失の大きい開口部の断熱は重要です。 ガラスは基本LOW-Eの複層ガラス以上の性能が必要です。サッシはコストが許せば、アルミ樹脂複合か樹脂サッシを利用してください。

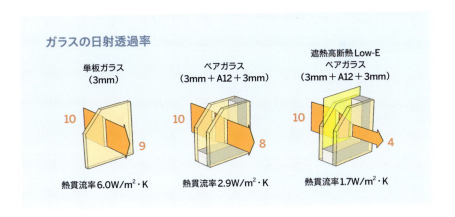

ところで、窓の受ける太陽のエネルギーは極めて大きいということをご存知でしょうか。屋根で集熱したり発電したりせずに、窓の太陽熱を直接利用する、ダイレクトゲインという考え方があります。日当たりのよい敷地であれば、建物を高断熱化し、南面を中心に大きな窓を設けると、ダイレクトゲインで日中暖かくすごすことができます。日射を効果的に取りこむため、南面だけはあえて非LOW-E複層ガラスとするのもよいでしょう。ただし、庇を出して夏の日射を遮ることは忘れずに。地域ごとの日射エネルギーのデータはNEDOという団体のサイトからダウンロードが可能です。

6. 間取りの決め手は「クローバー動線とたまり」

ゾーニングでも見通しを意識

　広々としたスケルトンができたところで、ようやく間取りを考える準備ができました。今まで決めてきた外観、空間、架構の魅力を伸ばすような間取りを考えていきましょう。

　まずは部屋のゾーニングです。このとき、一番気にしたいのは水回りや収納の位置。水回りと収納は壁に囲われることが多いので、見通しを一番阻害する要素だからです。

　「水回りはできるだけ端っこに置く」のが原則になります。同様に個室もできるだけ端っこに置いてください。壁際を空けたいときには、あえて入れ子配置するという可能性も考えましょう。

距離を見せるゾーニング

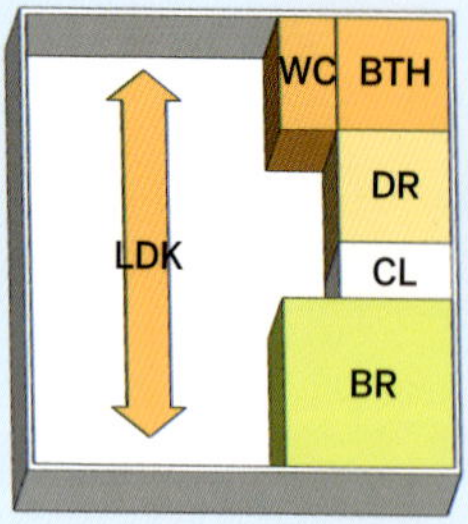

水回りや個室は片側に寄せる

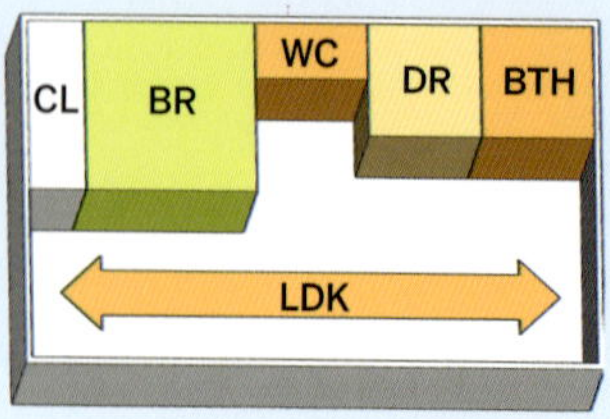

見通しは長手方向に確保する

距離を見せると広く感じますから、見通しはできるだけ建物の長手方向にとってください。うまく配置できると、水回りや個室などの見通しを阻害する要素は片側に、LDKなどのパブリック要素がもう片側にまとまるはずです。

クローバー型の動線

　プライバシーを守るために、ある部屋に行くときに別の部屋を経由しないようにすると必ず廊下状の空間ができます。廊下は面積的な無駄になるので、「廊下面積は最小限にする」といういうことをルールにしてください。そのためには「玄関と階段はできるかぎり中央部に配置する」のがよいでしょう。

　このようにして動線が中央に集中すると、動線は廊下階段を枝、部屋を葉としたクローバー型になります。部屋と動線の関係を考えるときは、このクローバー型を基本にして無駄を排除してください。

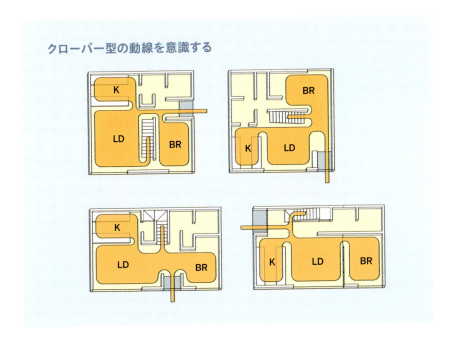

クローバー型の動線を意識する

● たまりを作る

　個室があれば、何をするにしても間に合うからといって、杓子定規に個室を設ける必要はありません。家の中での個人の活動を考えれば各個人のスペースはもちろん必要ですが、ただ寝るためだけならベッドが1台あればよいですし、読書するためだけなら、机と椅子のスペースがあれば足りるからです。

　そうした**活動に応じたある種の「たまり」スペースが一定数あれば個室の数は減らせる**し、うまくすれば個室が不要になることもあるのではないでしょうか。

　活動のための落ちついたスペースができればいいのだから、「たまり」は必ずしも壁で囲む必要はありません。家具、衝立、簡単な仕切り、床段差、建具など見通しを阻害しない、できるだけ簡単なものでスペースを作り出しましょう。

コアやスキップフロアで作るたまり

スキップフロアの段差部は室内の縁側のように使うこともできます。大きなテーブルや幅の広い座れる階段も、一種のたまり空間として使えます。

窓際の段差で作るたまり

7. 第一印象は「色と素材」で8割決まる

家具と建具は必ず作れ

　現在の住宅生産の現場では、あらゆるパーツが部品化されており、それらをカタログで注文し、プラモデルのように組み立てると一軒の住宅ができるようになっています。パーツは木目や模様がプリントされた「〜風、〜調」の偽物です。こういった新建材を使えば熟練した職人でなくても短時間で安く施工でき、クレームも少ないため、ハウスメーカーの住宅は、ほぼ「総新建材造り」になっています。

　「洋服」であればブランド品の偽物を好んで着る人はいないと思いますが、なぜか数万倍高価な「住宅」だと、タイル風のサイディング、木目シート張りの建具・家具、ウレタン塗りの合板フローリングといった偽物が幅を利かせているわけです。

　一品生産の個性的な建築を作る設計事務所の皆さんは、この逆を実践してください。**「新建材を極力使わない」こと、「経年変化が楽しめる素材を使う」ことをルールにして、無垢のフローリングを採用し、家具、建具、玄関ドア、キッチンは極力製作。構造体は適宜あらわしにし、手の痕跡が残る左官や塗装で表情をつけてください。**それだけで内外観は量産型住宅とは全く違う、魅力的なものになるはずです。

構造はあえてEPで塗りつぶしに。キッチンはアイランドカウンターを含め大工工事で製作した

天井の構造体をあらわしにしてこげ茶色に塗装。木製の内窓は大工工事で製作。壁はしっくいに

横葺きのガルバリウムと木を組み合わせた外壁

● 外壁材の選び方

　外装材も、まがいもの感満載の窯業系のサイディングだけはなんとかしたいものです。

　防火性能のある窯業系のサイディングは気楽ですが、約10年でコーキング（気密性や防水性のために隙間に詰める、可塑性、復元性のある充填剤）の打ち替えや塗装の塗り直しが発生しますから、決して安い材料ではありません。窯業系サイディングにするくらいなら、コーキング無しで納められるし、通気層も作りやすいガルバリウム鋼板の波板をベース素材としたほうがよいでしょう。波板が嫌なら、同じガルバでも、スパンドレル、縦ハゼ、横葺きといったものを採用する手があります。

　お勧めはガルバリウムと木を組み合わせる方法です。雨がかりにならず、かつメンテナンスのしやすいゾーン、たとえば1階の玄関まわりなどにアクセントで木を使えば、貧相になることもありません。

インテリアは色の印象が7割

　ワンランク上のインテリアを目指すなら、まず光をコントロールしてください。構造体を露出し、左官材料を使うなどすれば、自然光が作る陰影が重要なインテリアの要素になります。

　床材は光沢に気をつけます。無垢材のフローリングを浸透性のオイルで仕上げれば、質感としては十分です。壁はビニールクロスでも構いませんが、できるだけ凹凸のない製品を選んでください。白系のクロスの場合、明度はマンセル値で、7.5～8.0位のやや落ち着いた色がお勧めです。

　また、色の力は圧倒的です。特に白系でない色・素材は印象を大きく左右しますので、床壁天井はもちろん、家具、建具、手すり、階段などの色の組み合わせは、形や間取り以上によく考えてください。

　壁や天井でアクセントカラーを使う場合は、無開口かつ真四角な最奥の面に使うと、奥行きが強調され効果的です。

構造体を露出。部屋の奥にアクセントカラーを配置した事例

木のあらわし方

あらわしにする木の色1つでもセンスが出ます。

最も無難にまとめるとしたらフローリング、柱、梁、木枠、木建具、家具をすべて焦げ茶系でまとめるのがよいでしょう。色数を減らせばインテリアの統一は図れます。

もっとナチュラル系が好きということなら木枠、木建具、家具はクリアオイル仕上げとし、柱梁は白系の拭き取り塗装にするのがよいでしょう。ボード張り大壁仕上げのハウスメーカーと差別化するため、柱梁だけあらわしとしたデザインを採用する工務店がよくありますが、特一等程度の節のある構造体をクリアオイル仕上げとしてしまうと、野趣あふれる表現になりやすいので注意してください。

木建具、家具をクリアオイル仕上げにした事例

● 黒髪理論

淡い色合いだけでまとめるとインテリアは全体的にぼやけた印象になります。そんなときは、**アクセントとして、黒っぽい要素を置くとしまります。**私たち日本人は黒い髪が特徴なので、肌色に黒っぽい色が入ると目に馴染むからかもしれません。

アクセントとして黒っぽい色を置く

PART 2 | 木版お仕事編

CHAPTER *5*

はじめてのプレゼン

納得のいく設計ができても、それをうまく伝えることができなければ、
クライアントからの信頼を得ることはできません。
何を使い、どこまでを説明するべきか、
クライアントの心をつかむプレゼンの鉄則をご紹介します。

1. プレゼンはやり方を 間違うと失敗する

プレゼンの種類

どんなに設計がうまくいっても、見せ方1つでその評価は驚くほど変わります。 設計事務所のスタッフも常日頃から、見せ方を工夫する術を身につけておくべきです。

ところで、一口にプレゼンと言っても建築のプレゼンは大別すると2つの種類があります。1つは仕事を獲得するために、新規のクライアント候補に対して行うファーストプレゼン。もう1つは、建築の中身を決定していくために、クライアントとの定期的な打ち合わせの際に行う日常的なプレゼンです。前者と後者は役割が異なるので、プレゼンの方法も全く違うものになります。

まず、前者のプレゼンでは自分の事務所が他者に比べて優位性があり、クライアントの要望にきちんと応える最適任者の1人であることを伝えることに重点が置かれます。

多くの場合、提案は一発勝負なので、まずは「気に入ってもらう」ことが必要です。案を魅力的に見せるため、模型、パース、写真などのビジュアルイメージに加え、色つき説明文つきの図面を添えるのが一般的です。皆さんが、いわゆる建築プレゼンとしてイメージされるのはこの形でしょう。

このとき、案をよりよく見せる工夫ばかりに目が行きがちですが、目的は新規の仕事の獲得ですから、デザインを説明するだけでは不十分です。コスト、性能、現場監理などに対する幅広い知識・技術を持っていることを、提案書の中に織りこむことも忘れてはなりません。

一方、後者のプレゼンは、設計主旨をきちんと伝えて設計を方向づ

けるとともに、実際建つ建築とクライアントのイメージに食い違いがないようにするのが主な目的です。したがってプレゼンでは、設計方針や仕様を正確に伝え、理解してもらうことが重要になります。プレゼン資料は、基本設計段階は模型、新規設計段階は図面や仕様書を中心としたものになります。

新規開拓プレゼンと日常的なプレゼンの違い

新規開拓のプレゼン

気に入ってもらうことが必要

案を魅力的に見せることが必要

模型、パース、写真などのイメージが多くなる

日常的なプレゼン

クライアントとイメージを共有する

設計方針や仕様を正確に伝える

図面や仕様書を中心としたもの

クライアントに選ばせない

判断力は経験や知識に大きく左右されます。**建築を考えることがほぼ初めてのクライアントが建築の比較検討案を見て、自力で正しい判断を下すのはまず無理です。**プレゼンの場で複数の選択肢から比較検討でクライアントに選ばせるという方法は、民主的なように見えて、よい結果をもたらしません。比較検討は設計サイドで行って、最良の案を選び、そのプロセスをクライアントに示すのが望ましいやり方です。

資料の事前送付はNG

また、口頭での説明と一緒に資料を見せるのと、単独で資料を見せるのとでは、情報量に圧倒的な差がでます。プレゼン用の資料（図面など）を事前送付すると、クライアントは資料を勝手に解釈し、設計者の意図とは違う方向に話を進める可能性が高くなります。事前に宿題を出して、何かを検討しておいていただくのは構いませんが、プレゼン資料は打ち合わせ当日に見せる方が無難です。

図面を描かせない

まれにデザイン系、建築系の仕事をしているクライアントが間取り図を描いてくる場合があります。いくらセンスがよくても、毎日図面を描いている設計者から見れば、いろいろ問題ある図面なのですが、クライアントの描いたものということで無下に却下できません。こうならないためにも、デザイン系、建築系のクライアントのときは、最初に「要望いただければこちらで図面は描くので」という宣言をしておいた方がスムーズに進みます。

クライアントにやってはいけない4つのこと

①クライアントに設計案を選ばせる

②事前に資料を送付する

③クライアントに図面を描かせる

④クライアントの意見を聞かない

でも聞く耳は持つ

　打ち合わせをしていると、クライアントからびっくりするようなアイデア・意見が飛び出すことがあります。それが単なる思いつきであったとしても、クライアントから出た意見はしっかり理由を聞いた上で、1回飲みこんでおくほうがよいでしょう。設計者はベテランになればなるほど、手法が固定化してしまうものです。クライアントの意見はそんな予定調和を打ち破るきっかけになるのです。クライアントの一言で、設計が思ってもいなかった方向に進み、案がよくなるということは珍しいことではありません。

2. 「コンセプト」は シンプルな マトリックスで伝える

コンセプトは「前提条件」が大切

　プレゼンの主たる目的はクライアントに設計の主旨・テーマを理解してもらうことです。**設計業界では、この「設計主旨・テーマ」のことを通常「コンセプト」と呼んでいます。**

　コンセプトという言葉は大学の建築学科1年生のときから使っている馴染みの深い言葉です。しかし、授業中、学生に「この建物のコンセプトって何?」と尋ねると、「ランダムな開口のある曲面の壁です」といった、その学生の単なる「願望」や「思いつき」を返してくることがよくあります。「なんでそんなふうに考えるんだろう」という疑問はすぐに浮かびますが、納得感は全くありません。

　さて、この学生のコンセプトは何がまずいのでしょうか?

　一番まずいのは、この曲面の壁が導き出された理由や過程を説明していないことです。敷地やクライアントは毎度変わりますので、建築に要求される条件は、建物ごとに変化します。この学生は、さまざまな諸条件のうち、いったい何に注目して曲面の壁を出したのか。選んだ条件は、はたして重要なのか。注目した条件が重要だったとしても、曲面の壁という解法が適切なのか、他にもっとよい方法はないのか。その実現は可能なのか、そういった一連の疑問に答えられてはじめて、コンセプトは説得力を持つのです。本来、**「計画のキーとなる設計条件・課題を、現実的・合理的に解決する具体的な事柄・方法」**としてコンセプトが説明されれば、パッと見で理解しにくい形態、空間でも、

一気に理解しやすくなるものなのです。

「横浜大さん橋」を例にとって考えてみましょう。

横浜大さん橋は、海に突き出す防波堤に「税関機能を有する国際フェリーターミナルと不特定多数が利用する都市公園を作る」というプログラムを持つ建築です。防波堤の中央には税関機能が納まるため、超大型の船が繋留されたときには防波堤の突端に行きにくいという問題が生じます。これが設計条件で一番重要なポイントです。

ポロ＋ムサビのチームは「うねる床」でこの動線の問題を解決しつつ、屋根の上と室内が階段無しでなめらかに連続する立体公園を海の上に作り出しました。

「地形的な建築」という処理はいささか特殊ではありますが「公園」と「アンジュレーションに富んだ地形」は馴染みがよく、説得力があります。さらに、この提案は結果的にル・コルビュジェのドミノシステムに代表される「水平な床と柱」という現代建築の前提条件を疑うという「問題意識」を感じさせます。コンセプトの建て方のお手本となる事例です。

横浜大さん橋（設計FOA）

写真提供：横浜港大さん橋国際客船ターミナル

コンセプトシート

　頭の中だけで説得力を持つコンセプトを考えるのは簡単ではありません。でも、これからお話しするシートを使えば、独りよがりでないコンセプトを比較的容易に組み立てることができます。

　下図がそのシートです。このシートの上に、①特徴や条件、②解法、③具体的な事例、を付箋紙などで順番に貼り、連想ゲームのようにコンセプトを紡ぎ出していくのです。シートにはマーケティングで使うマトリックスのように、縦横２つの評価軸があり、縦軸に串刺しになった３つの団子が書いてあります。

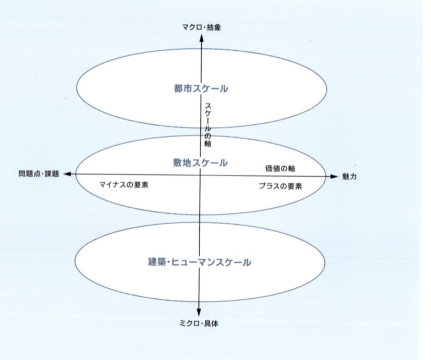

縦軸は「スケール」の軸です。上が大きいもの、下が小さいものを示します。軸に沿って並ぶ、各々の団子は、上段を都市スケール、中段を敷地スケール、下段を建築・ヒューマンスケールとしてみました。

　建築というのは都市の一部であり、建築と都市とは切っても切れない関係にあります。建築が周囲の関係を無視して好き勝手にデザインされていたら、景観はバラバラで、住みにくい街になりますから、建築と都市を同時に考えられるように、両方のキーワードを1枚のシートに併記できるようにしたわけです。また、単体の建築から離れ、その用途（ビルディングタイプ）を俯瞰してグルーピングしてみると、共通の普遍的なテーマが浮かび上がります。そういった、より上位の位置から、抽象的・マクロ的に建築を眺めることも必要で、その際にもこの縦軸が役立ちます。

　一方、横軸は「価値」の軸です。マイナス方向は「問題点」、プラス方向は「魅力」です。狭い、暑い寒い、手間や時間がかかる……などなど、人はマイナス方向の問題点には気づきやすく、それゆえクライアントの要求もここに集中しますが、いくら、こういった短所をつぶしても、欠点のない建築ができるだけです。魅力的な建築の実現のためには、長所に気づき、それを伸ばしてゆく、強化してゆくというプロセスが欠かせません。横軸はその作業を助けます。

　たとえば「傾斜地」という条件があったとき、その対応策をマイナス方向に考えれば、「がけ崩れ対策、安息角、深基礎」など、魅力とは関係の薄いキーワードが思い浮かびますが、プラス方向に考えれば、「眺望を活かす水平連窓、風景を楽しむテラス、傾斜を活かしたアプローチ」といった具合に、前向きなフレーズが連想されることになります。こんなふうに、横軸とプラス方向を意識すると、計画を魅力的な方向に導くことが可能になるのです。

● 条件・特徴を配置してみる

　では、実際にシートの上に言葉を配列してみましょう。まず、串団

子を意識して、各スケールごとに計画の特徴や、条件を下図の見本を参考に配置してみてください。**なお、あとで「解法」の付箋紙を張るために団子の間の部分は少し空けておいてください。**

　用途や地域の特徴は最上段に、敷地や周囲の環境の特徴は中段に、施設の特徴、クライアントの特徴は最下段に配置してください。最上段に置くキーワードは、歴史・風土・社会的なニーズなど、実体のない抽象的な概念でも構いません。建築を作るときには、「伝統地区なので、コンクリート打ち放しの建築はなじまない」という具合に、抽象概念も建築の作り方に大きく影響することがあるからです。なお、横軸も意識して、各々の団子の中は、不利な条件は左寄りに、有利な条件は右寄りにというルールでキーワードを配置してください。

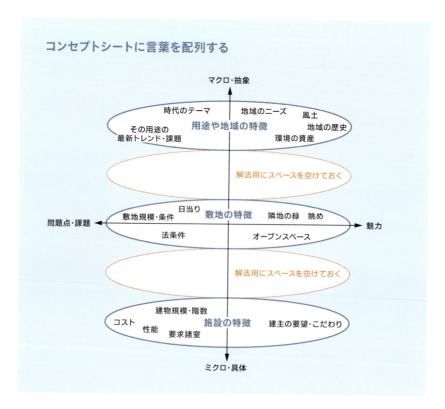

下図は、p.16で検討した設計条件を、左ページを参考にしながら、シートにあてはめてみたものです。この段階では、このあと、どんな言葉が配置されるかわかりませんので、条件・特徴をまんべんなく網羅することが大切です。

　言葉の並びだけ見ると、かなり普通な感じですね。しかし、「環境がよい」「敷地100坪」「アトリエ併用」ということを、冷静に考えれば、「密集市街地の総2階建て」とは全く違った雰囲気の建築ができるような気がします。また、昭和風というキーワードからも、小割の窓とか木の外壁、ラワンの家具とか、いろいろな言葉が浮かびそうです。そんなふうな、直感・気づきをもとに、空白を言葉で埋めていくのです。**新しい言葉が配置されると、また新しい言葉が数珠つなぎにつながっていきます。**

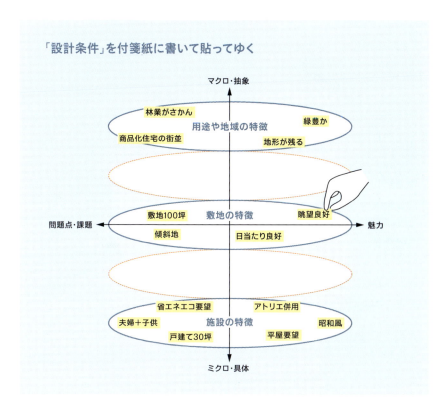

「設計条件」を付箋紙に書いて貼ってゆく

解法を配置する

　条件がシートの上に配置されたら、次にその条件に対する対応、解法を配置していきましょう。解法は自由に発想して構いませんが、「2つの軸で区画された4つのブロック（象限）ごとに、配置される言葉の傾向は変わる」ということを知っておくと作業はしやすいと思います。
　左上のブロックは、主として、プログラムの解き方、計画の目的や役割などが配置される、やや観念的なゾーンになります。
　左下のブロックは、建築や敷地の諸条件から、その具体的な解決法がそのまま示されるゾーンです。クライアントの要望や、法条件・コスト条件などの対応は、このブロックに配置されます。

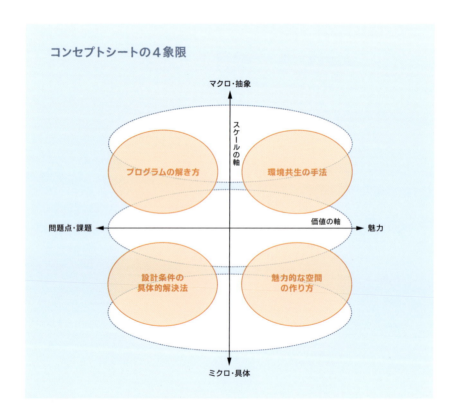

右上のブロックは、環境と建築の関係を示すゾーンです。p.138の中間領域法を思い出すと、埋めやすいかもしれません。

　右下のブロックは建築の魅力作りが示されるゾーンです。建物としての「売り」「新しさ」は何なのか。そして、どんな「空間や場」ができて、どんな使われ方をするかを考えてみてください。

　下図はp.177で「条件」を配置したシートに、4つのブロックを意識しながら、「解法」となるキーワードを配置してみたものです。たとえば左上「プログラム」のゾーンでは、「住宅」というビルディングタイプの新しいあり方を考えました。せっかく「敷地が100坪」もあるのだから、必ずしも「総2階建て」にしなくてもいいだろう、でも平屋はコストがかかる、では、「1.5階建て」は？　という具合に、数珠つなぎに考えを広げていきました。

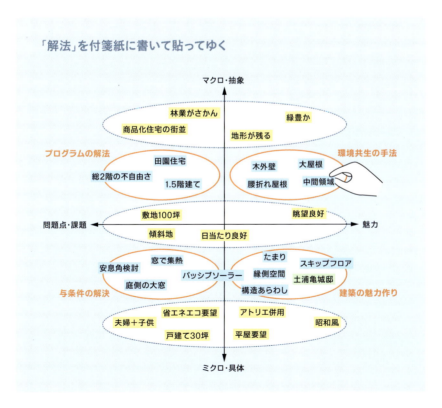

「解法」を付箋紙に書いて貼ってゆく

なお、この作業の際は、キーワードに具体的なビジュアルイメージを持たせることが重要です。単に「スキップフロア」という単語を配置しただけでは連想される内容も限られますが、「土浦亀城邸のようなスキップフロア」と具体例を挙げておけば、格段に情報量が増えるからです。もしかすると、この事例のおかげで、「昭和風」「スキップフロア」「1.5階建て」を一辺に結びつけることができるかもしれません。**このように、事例名が加わるだけでも、建築は圧倒的にイメージしやすくなるのです。**

ワンアイデアで伝える

さて、シートにたくさんのキーワードが並ぶと、もうそこにある種の物語ができているはずです。しかし、そのキーワード全部を使う必要はありません。建築の規模が小さければ小さいほど、たくさんのテーマを盛りこみにくいので、住宅規模の建物ならテーマは欲張らず1つに絞ってもいいと思います。**ワンワードである必要はありませんが、短い一文で伝えられるくらいのテーマが一番説得力を持ちます。**

「一言でこの建築の特徴を説明するとしたら……」と聞かれたとき、なんと答えるかを考えてみればよいでしょう。条件の読みとりと解決を一文の中に組みこみ、雑誌の見出しのような形で示せれば完璧です。たとえば次のような塩梅です。

- 桜並木の風景を取りこむ「大きな庇のある家」
- 隣地の公園を借景した「ランダム窓の家」
- 旗竿の密集地でも終日明るい「吹き抜けから光を落とす家」

前述のシートの事例で言えば、最終的に「1.5階建て」「大屋根」「縁側」「田園住宅」というキーワードにたどりつきましたから、条件を含めて文章にまとめれば、「傾斜地の眺望を活かした、1.5階建て、縁側のある大屋根住宅」ということになります。

事務所スタッフの間でもこのフレーズが共有されていれば、作業の方向性を見誤ることはありません。

再び事例を探す

　残念ながら、美しいコンセプトができれば、直ちに魅力ある建築ができる、というわけではありません。コンセプトと実際の建築の間には大きな大きな溝があるのです。両者の橋渡しをするのが過去の事例です。「**コンセプトはよいけど、建築の表現がつまらない**」**という人は、大体、事例探しをさぼっています。**

シートの上に読み取った「条件」「解法」「事例」を貼る方法は前述しましたが、「事例」は施設の名称を付箋で貼るより具体例の「写真」を貼った方が面白いシートになります。特にグループで価値観を共有したいときなどは、事例の写真は大いに役立ちます。

優れた事例には、最初から優れたコンセプトとその建築家のプロセスが内在しています。「コンセプトを実現した理想的な事例」をまず探し、事例から逆にキーワードを導き出すのも有効な方法です。言葉と事例写真を行き来しながら、まとめてゆけば、よいコンセプトにまとまってゆくと思います。

提案ははっきりと

キーワードを建築に落としこむときに注意したいのは、少し極端にやってみるということです。

たとえば「既存樹木を活かす」というキーワードがあったときに、「木の前に窓を設ける」というだけでは、当たり前すぎてコンセプトにはなりません。「木を取り囲むようなコの字型の平面」「家のどこからでも木が眺められる横連窓とデッキテラス」という具合に、少し極端な表現となって初めて、コンセプトと呼べるものになるのです。実務では、コストの関係から保守的にせざるを得ないことは多々ありますが、一度、極端に振り切ったところまで考えてみるのがよいでしょう。

シートまとめ

　最後にもう一度、今までのおさらいをしておきます。「条件」の手掛かりと「解法」の手掛かりを重ねた絵を作っておきましたので、大きめにコピーして付箋紙を貼るときの下敷きにしてください。パソコンが得意な人は、パワーポイントを使うのもお勧めです。パワーポイントなら、任意の位置に言葉や写真を配置できるし、重要度に応じて大きさを変えることもできるからです。

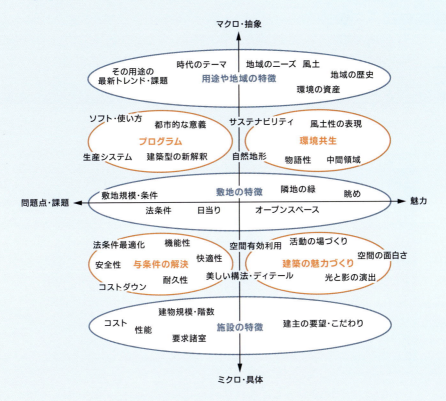

3. 概要は「模型」で全部説明しきる

同じ土俵で話をするには

　ほとんどの場合クライアントは建築の素人です。図面やパースでいくら設計内容を伝えようとしても、誤解していることがほとんどです。3次元の物体として建ちあがる建築を正確に伝えようとしたら、3次元の模型に勝るものはありません。**1に模型、2に模型、とにかく模型で伝えることを心がけてください**。基本設計の段階では2次元の図面、パース、スケッチは模型の補足資料と考えてください。

　しかし、模型を見せれば十分と思ってはいけません。プロと素人では模型を読みとる力も異なっているからです。模型がいくら綺麗にできていても、言葉が足りないと、単なるクライアントの「好き嫌い」

まずは模型で伝える

屋上テラスのある多面体表現の模型

の話に終止してしまい、設計者の意図とは異なる方向に案が進んでしまうことがあります。模型を見せるときは必ず設計主旨を言葉できちんと伝えてください。

たとえば、p.184の写真の模型を説明するときには、まず、「屋上テラスのある片流れ屋根」、という形の特徴を示します。そして、「南側が隣家でふさがるので、日当たりを確保するため屋上テラスを設け、家中に光を届けられるよう、屋根は片流れにして南にハイサイドライトを設けた」というように、**その形が導かれた理由を説明してください。**できあがった形状・空間に合理性、必然性があれば、クライアントの理解は必ず得られるはずです。なお、この模型の「多面体表現」のように、クライアントが必然性を感じにくい意匠上の工夫も、「デザインをまとめる上で多面体は可能性がありそう」というように、話題にして布石を打っておくのがよいと思います。

模型の作り方

設計段階の模型は、プレゼンの際はクライアントに深く理解してもらうツールとなりますが、日常的な設計の作業の中では、案をよりよく改善するためのツールとして使われます。完成品を検証することよりも、気づきを得ることが目的で、極端に言えば「変更するために作る」と言ってもよいと思います。どうせ変わるのですから、時間をかけすぎるのはよくありません。最小限の時間で最大限の効果が得られるように、模型の作り方も伝える内容に合わせて変えるべきです。

ボリュームだけを伝えたいなら、窓などのディテールすら不要です。ディテールをあえて消した抽象的な形で見せたほうが、ボリュームという性格が強調されるからです。この場合、スチレンボードで箱状に作るより、スタイロフォームを切り出したものの方が感じが出ます。

建築のシルエットや空間の輪郭を伝えたいなら、あえて素材感は消した白模型がいいでしょう。むしろその方が、無駄な情報が整理されて、伝えるべき内容がはっきりするからです。

シルエットや空間が伝わる白模型

ディテールを伝える部分模型

模型のスケールもただ大きければよいというわけではありません。計画の初期段階では外から形態が眺められればよいので、模型のスケールは1/100くらいがちょうどよいです。むしろある程度小さい方が色々なバリエーションを試しやすい分、よいと思います。

ディテールの検討では、難しい部分だけを取り出した部分模型が役立ちます。右上の写真は3方向異勾配の寄棟屋根の隅木の模型です。右図のように作図しても理解することが難しいので図面から正確に模型を作り、そのとおりに現場で棟梁に作ってもらいました。

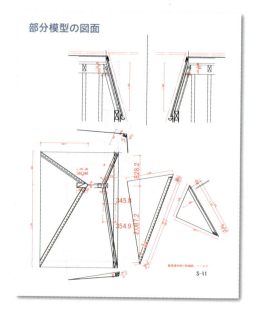
部分模型の図面

中が見える模型

　形態のみならず、空間も把握できるようにするため模型は外壁面や屋根が外れるように作ってください。

　クライアントは間取り図を2次元の図柄として捉えている場合がほとんどです。間取り図を見ても、理解できるのは部屋の配列、面積、動線といったものだけで、模型を見ないかぎり、空間は想像できていないと考えてよいと思います。

　でも、下の写真のような中を覗ける模型を見れば、空間のボリューム感はもちろん、床段差、窓の割付、壁の形、手すりの位置形状、光の入り方などを一瞬で把握することが可能になります。

中が見える模型

● 模型をあえて避けるケース

　模型のデメリットは製作にそれなりの時間がかかるということです。形状の検討や素材選びで比較検討しなければならないとき、複数の模型を作るのは大変ですから、こういうときは、パースを活用する方がよいでしょう。

　スケッチアップの登場で極めて短時間にパースを作れるようになりました。スケッチアップは動作が軽く、動画を作るのも簡単なので、現場監理で時間がないときは模型の代わりにスケッチアップのパースで検討するのも有効です。

　私は設計の初期段階に自宅で構想を練る際に、スケッチアップを活用しています。簡単な平面だけ描いて、いきなり3次元上で作図することもあります。

　動きまわる操作だけを覚えるならすぐできますから、無料という特徴を活かして、クライアントに検討用データをプレゼントしてもよいでしょう。

屋根形状の比較検討

屋根形状と屋根に取り合う窓を変えた3つのCGモデルを比較した例

外壁選びの比較検討

横羽目板

黒系吹付

白系左官

外壁や屋根の素材・色を変えたCGモデルを比較した例

PART 2 ｜ 本格お仕事編

4. 図面は「手紙のように描き」要点だけを伝える

図面の描き方

　修行時代、私は師匠の大高正人から「**図面は手紙のように描け**」と教わりました。

　図面は職人やクライアントに対する手紙であり、読む人に気持ちが伝わらなければ意味がないというわけです。少ない枚数、必要最小限の情報で、設計者の意思を伝えることができるのがよい図面です。反対に、端部などの一番大事なところを描いていなかったり、無駄な線ばかり多くて判別しにくいというのはダメな図面です。クライアントに対するプレゼン図面でも、発注用の図面でも、**図面は「わかりやすさ、見やすさ、読みやすさ」が命**です。

　まずは図面をきちんとレイアウトすることから始めてください。CADで描くと、レイアウトをおろそかにしがちですが、出力用紙をおさえてから図面を描かないと、散漫な図面になってしまいます。

　線も「断面線は太く、姿線は細く」という具合に太さをきちんとコントロールしてください。格好つけた薄いグレイの小さい文字や部屋名の英語表記は極力やめ、寸法はスケールバーではなく、標準的な2段描きの寸法線で表記するようにしてください。

　右ページは手紙のような図面の一例です。平面・立面・断面を3面図の形で表現し、立体的に形を把握できるようにしています。手すり取り付け部のディテールは、全種類の標準詳細図が描いてあります。寸法は、床見切り位置なども含め、全部この図面から追い出せます。

190

「詳細図つきの3面図」の形で表現すれば、少ない枚数の図面で設計内容を正確に伝えることが可能になります。

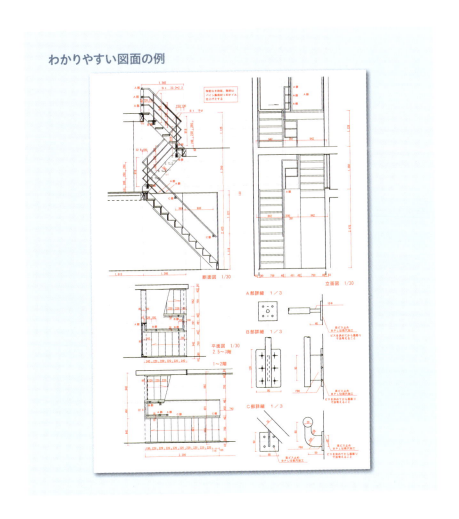

わかりやすい図面の例

• **基本設計図は「A3 1枚」にまとめる**

　私の事務所では基本設計段階でクライアントに見せる図面はA3またはA4サイズ1枚にまとめることにしています。あくまで模型の補足資料ですし、枚数が増えると集中力も途切れますので、複数の図面

A3サイズの基本設計図

全体の概要を示すことが目的なので、細かなディテールは省略してもよい

があるときでも1枚だけを見せるようにしているのです。1枚でも平立断、複数の図面がレイアウトされていれば立体的に内容が把握できます。

また、プレゼンの中で出た話をクライアントが家で反芻するとき、文章は必ず役立ちますので、図面は設計主旨を書いたメモと一緒に渡します。上図のプレゼンでは設計主旨の紙は別途用意しましたが、図の中にコンセプトや各部の設計意図を示す文章を添えた方がベターです。

● 実施設計図はかいつまんで説明する

設計の内容を過不足なく正確に伝えられれば、すべての図面をクライアントに見せる必要はありません。打ち合せの中ではクライアントが興味を持ち、理解ができる図面だけを順番に説明していけばよいでしょ

う。展開図、構造図のようなものは概要だけを説明すれば十分です。
　各図面にはクライアントに説明しておかなければならない要点があります。これは同時にスタッフが所長に確認しておくべき事項でもあります。木造住宅の一般的事例に沿ってそれらを順次見ていくことにします。

配置図は民法の説明を忘れないように

　配置図ではまず建物位置のおさえを説明します。どの敷地境界に平行で、隣地境界からどのくらい離れるか。また、民法を守っているかどうか、バルコニーや窓が隣家から1m以内にある場合は目隠し請求権という民法上の権利を行使されることがあることを伝えておきます。
　外構は舗装やフェンス設置の範囲に加え、駐車スペース、屋外物置、自転車置き場、散水栓、植栽の位置などを説明します。
　各種メーター類の検針方法も伝えましょう。フェンス内に入ってほしくない人だとメーターの配置位置が変わるからです。

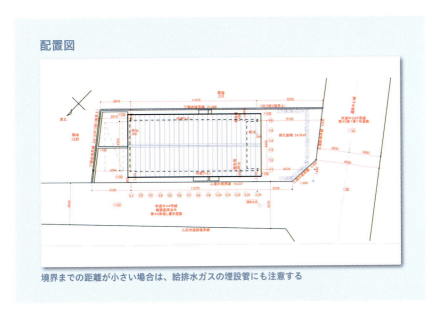

境界までの距離が小さい場合は、給排水ガスの埋設管にも注意する

平面図はインデックス代わりになる

　平面図は間取り、面積、建具の位置・寸法、動線、収納など、クライアントが興味をもつ設計内容を、1枚の図面で表現できるため、現場で最も重宝される図面です。インデックスとしても使われるので「建具番号、家具番号、通り芯番号、寸法線、方位」を必ず入れておきます。部屋の大きさがわかるように、各室には畳数を記入します。

　実施設計段階では1/30〜1/50程度のスケールで枠の納まりまで

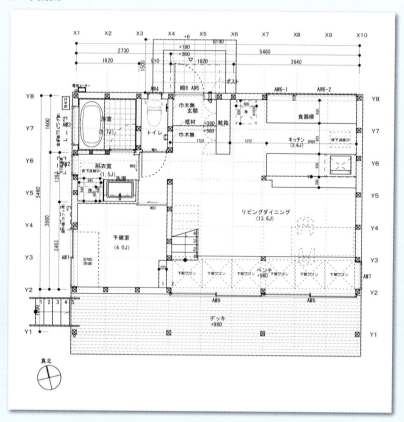

1F 平面図

意識して描くと、平面詳細として使えるので現場は楽です。間崩れしている壁は柱芯壁芯位置を記入、サッシや木建具も通り芯からの離れ寸法を描いておくと、プレカットのチェックなどでも役立ちます。
　玄関まわりの高低差処理に加え、フローリングの施工に備えて、框や床見切りの位置なども描いておいてください。

2F平面図

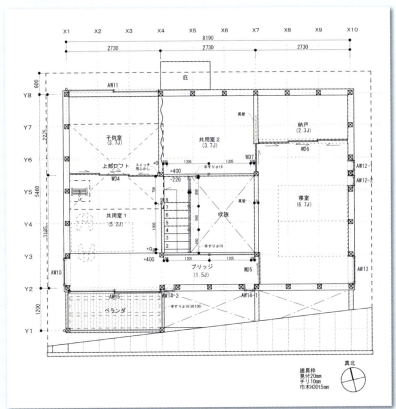

● 立面図は仕上げの切り替えを説明する

　クライアントは模型の方が理解しやすいので、立面図は模型の補足資料という位置づけでよいと思います。
　仕上げの切り替え、窓配置に加え、樋、土台水切りなどを表現します。
　クライアントには仕上げ切り替えの基本方針、窓の開閉方法やガラスの種類などを説明します。外壁に沿ってエアコンの配管が出てよいかどうか、基礎モルタルをやるかどうかなども確認しておくとよいでしょう。

目地を表現すると雰囲気が出る

断面図・断面展開図は「積算」や「電気」で使う

　断面図や展開図もやはり模型の補足資料という位置づけでよいと思います。しかし、設計段階では**「内装の積算（拾い）」**で、現場に入ってからは**「電気機器の配置決め」**に使うので、トイレ、脱衣室、浴室といった小さな部屋も全部の面を残らず切り出すようにしてください。**断面には天井高さを記入します。**またマンションでは2.4mの天井高が一般的なので、それ以下の天井高を提案するときは特にその高さの妥当性を口頭でも説明しておきます。

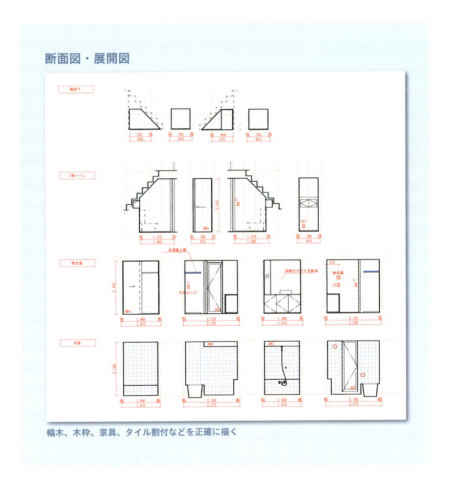

断面図・展開図

幅木、木枠、家具、タイル割付などを正確に描く

● 矩計図は性能で決まる

　矩計図は高さ関係を含むほとんどの詳細情報を伝えることが可能な図面です。ベテラン大工なら平面図と矩計図だけでも家を建てることができます。矩計図には屋根、壁、床の部材構成が明示されるので、フラット35、省令準耐火、認定低炭素住宅、長期優良住宅の仕様に適合しているかを判断するのにも欠かせません。

　木造住宅の矩計図を描くときの要点は右記のようなものです。根太や垂木のある昔ながらの木造の作り方とはちょっと違う、合理化構法の考え方です。

矩計図

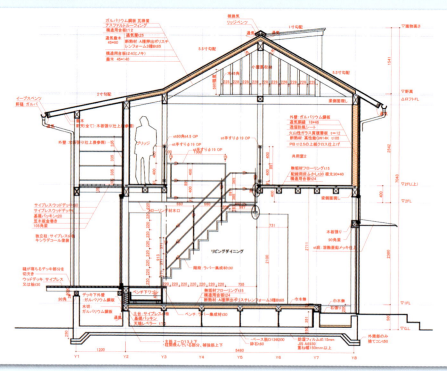

①構造は箱で固めて、屋根も剛床に。立上りが梁になるよう、地盤面からの基礎高は300 or 400とする（フラット35は400が標準）。
②止水は2重3重に。万が一漏ったときのフェイルセーフを用意する。サッシの周囲の防水止水に特に注意。サッシのフィンの上に透湿防水シートを貼るように。
③断熱を1周完結させる。天井断熱は隙間だらけになるので、屋根断熱を基本に。気密は合板とグラスウールの袋でとることを基本に。剛床を気流止め代わりに。
④通気は屋根にも。夏場小屋裏に熱がこもらないように、冬場天井裏結露がおきないように、壁通気層だけでなく、屋根通気層を確保する。

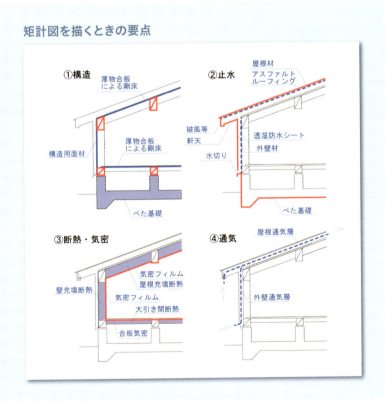

矩計図を描くときの要点

● 家具図はスケッチを活用する

　キッチンを含む家具はクライアントが最も興味を持つものの1つです。家具は細かな要望がクライアントから出されることもありますが、100％それを反映すると、「使いやすくてもデザイン的にいまひとつ」なものになりがちです。設計者として望ましい方向に若干調整しながら図面を作ったほうがよいでしょう。

　クライアントは立体的に考えるのを得意としませんから、イメージを伝えるにはスケッチ、アイソメ、パースなどを活用してください。要望を聞きながら、その場でスケッチをおこすのもよいでしょう。

　素材イメージの確認には過去の事例写真を見せるのが効果的です。家具工事では、家具の面材はフラッシュパネルとなりますが、大工工事で作る家具の場合は、天板が集成材、一般部はシナランバーコアが基本となります。

家具図

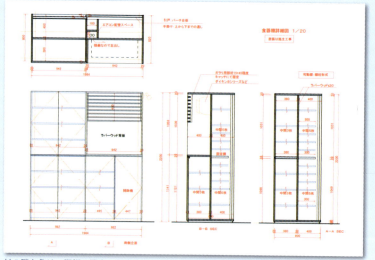

材の勝ち負け、棚板の固定・可動の別、組み立て方をイメージして描く

● キッチン図は念入りなヒアリングを

　家具図のハイライトはキッチンの図面です。大工工事と建具工事の組み合わせで作れば、特注でもシステムキッチンから大きくコストアップすることもありません。

　キッチンの使いやすさは人それぞれで、設計者流を押しつけてもうまくいきませんから、設計前にどんなイメージで使いたいかを念入りにヒアリングしましょう。クライアントに一度簡単なスケッチを描いてもらうのもよいでしょう。ただし扉の幅や高さを設計者側で調整し意匠を整えることを忘れずに。

キッチン図

キッチン設計の際の一般的なクライアントの確認事項としては、次のようなものがあります。

キッチンについてのヒアリング事項

レイアウト

冷蔵庫、シンク、コンロの3つの位置関係は使い勝手を大きく左右します。こだわりがあるのかないのかを含め確認しておきます。手持ちの冷蔵庫を使う場合は大きさや開き勝手も聞いておきましょう。

高さ

製作キッチンの場合高さは自由です。「身長／2＋5〜10cm」といった公式はありますが、ショールームなどで高さを確認してもらいます。なお、そのときはスリッパなどの室内履きを履いてもらうことを忘れずに。身長が高いときにはレンジフードの高さも、必ず確認しておきます。

電子レンジの位置

コンロ下にビルトインしないのであれば、配置場所を最初から想定しておく必要があります。電子レンジの位置は、ヒアリングの最重要事項です。電子レンジは機種ごとに上方向、側面方向の離隔距離が決まっています。蒸気を使うタイプのオーブンレンジは本体寸法も大きくかさばる上に、離隔距離の設定も大きいので要注意です。

調理家電の利用状況

炊飯器やオーブントースターを手始めに、電子ケトル、ハンドミル、コーヒーメーカー、電気フライヤーなど、キッチンで使う調理家電は年々増加傾向にあります。すべて出しっぱなしで使いたいという人だと結構な幅を取っておかなくてはなりません。また、食洗機を導入するかどうかも忘れずに確認しておきます。

食品庫

みなさん食材の保管に苦労しているのか、最近必ず要望されるアイテムの1つです。ウォークインタイプの食品庫は隠せるので便利ですが、通路分面積をとるので狭いキッチンではまずは壁収納タイプで考えておきましょう。

水切棚

洗ったものの一時置きスペースをどうしているかも必ず確認しておきましょう。食洗機があっても一時置き場が必要になることは多いです。

ウォークインタイプの食品庫

ゴミ箱位置

地域によって分別の仕方が異なりますし、人によって処理の仕方も異なるので要ヒアリングです。シンクの下のオープン部分に配置するのが標準的な処理です。

引き出し必要量

なんでもかんでも引き出しにしたがる方が多いのですが、引き出しは軽くてかさばらない箸やカトラリーの収納には向いていますが、食器などの重量物の収納には向きません。また、レールの関係で奥行きも制限されますから、開き戸と比較して、収納量は増えません。しかも、開き戸形式に対し1箇所数万円の単位でコストアップします。便利そうというイメージだけで要望された場合は、上記内容を確認するとよいでしょう。

● 構造図・壁量計算は壁配置を報告

　構造図は難しすぎてクライアントはまず理解できません。しかし耐力壁は間取りや窓配置にも関係するので、耐力壁の種類（面材系か筋交いか）、量（基準法の何倍程度設けているか）、配置（バランスよく配置されているかどうか）をクライアントに説明しておきます。もし、簡単な工夫で耐震性が向上するようであれば、それも合わせて説明しておくとよいでしょう。ちなみに私の事務所では特に要望がなくても、**建築基準法の1.5倍程度の壁量をバランスよく配置する**ようにしています。

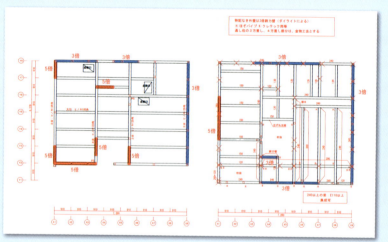

構造図

壁量計算の例（部分）

階数		地震	風	必要壁長		設計壁長	充足率	地震力の充足率
				大きい方				
2	東西方向壁	839	760	839	①より	2046	2.43	2.43
2	南北方向壁	839	1165	1165	②より	2376	2.03	2.83
1	東西方向壁	1622	1565	1622	③より	2682	1.65	1.65
1	南北方向壁	1622	2090	2090	④より	3458	1.65	2.13

↑ 1.5以上を目標にする

給排水設備図は意匠との関係をおさえる

設備図は建築内外の配管ルートが示された図面です。機器の配置状況、たとえばトイレを各階に設置するかどうか、トイレ手洗い器を設置するか否かなどは、平面図で表現されてしまうので、設備図の中でクライアントに伝えるべき項目はさほど多くありません。

配管ルートが明示されるので、ps（パイプスペース）の設置箇所や、天井高が下がる範囲、床下点検位置などは設備図を見ながら説明するとわかりやすいと思います。

また、洗車や植木用に屋外やバルコニーに散水栓を設置するかどうか、屋外に設置する場合は立水栓方式と床埋め込み方式のどちらにしたいかは確認しておきましょう。

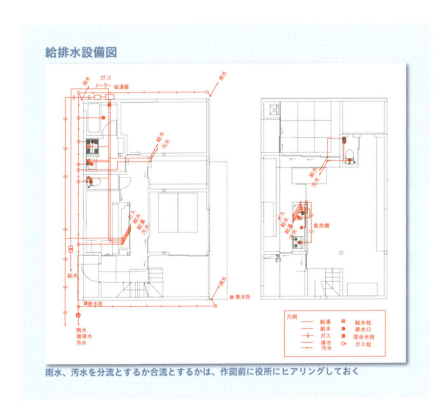

給排水設備図

雨水、汚水を分流とするか合流とするかは、作図前に役所にヒアリングしておく

● 電気図は意匠設計者でも説明できるように

電気の計画は生活と密接に関係するので、私の事務所では平立断のイメージがある程度固まったら、次は電気の打ち合わせをするようにしています。

通常、住宅レベルの建築では電気設計の専門家は入りません。意匠設計者も電気のことについて一通りのことは知っておいてください。

電気設備図は照明・換気扇・コンセント・スイッチなどが平面図内に配置された図面です。一般的な戸建て住宅で描かれる電気設備図は線の径や本数までは明記しませんが、照明はスイッチと結ばれて系統分けがわかるようになっています。

電気図は、下記の図面のように、写真入りで、ルートと機器をいっぺんに表現する方法がお勧めです。こうしておけば、字ばかりの仕様書は不要になるし、少ない図面枚数で設計内容が伝えられます。ハウスメー

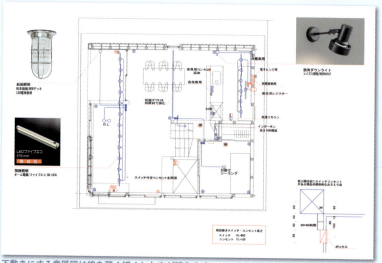

電気設備図

下敷きにする意匠図は線を薄く細くした方が読みやすい

カーは標準的に、この形式の図面を使うことが多いと思います。

　電気の話はかなり細かいので、クライアントには大きいものから小さいものの順で、たとえば、冷暖房→情報系→換気→照明→コンセントといった流れで説明するとよいでしょう。

エアコン

　まずは、冷暖房機器としてのエアコンです。生理的にエアコンを嫌う人はよくいますが、高断熱を前提とすると他のどんな暖房より省エネです。夏場の冷房のために、どのみちエアコンはつくのですからエアコンをメインの暖房装置と考えるのが一番、イニシャルコストが小さくなります。ただ、最近のエアコンは奥行が大きくなっており非常に目立ちます。センサーがあるタイプだと、ガラリの裏に隠すのも難しいですから、目障りにならない位置に配置する必要があります。

　また、室外機や外壁に出る配管のプラスチック製のカバーは見かけがよくないので、道路から見て最も目立たない位置に配置するのが原則です。しかし、そういった裏方には水回りが配置されることが多く、隠蔽配管としないと処理できないケースもあります。

　隠蔽配管の場合、配管のスリーブが室内から見て左になるといったことも知識としておさえておいてください。

インターネット、テレビなど

　次にインターネット、テレビ、電話などの情報系の弱電設備を見ていきます。ネットは都市部ならほぼ光利用ということになるはずです。エリアによってはケーブルテレビ経由ということも考えられますが、一般的に高額なので光を利用することが多いです。光が入る場合は電話も通話料の安い「光IP電話」とすれば、メタルの電話線を引く必要はありません。

　テレビはアンテナを立てて地上デジタルとするか、光経由でつなぐのが一般的です。

　また、アクトビラ（ネット経由の動画配信サービス）や参加型番組

を利用する場合を考え、メインのテレビ周辺には有線のLANケーブ
ルをつないでおきます。録画データを共用・一元管理するときにも有
線LANは必要になります。

　光からケーブルTVなどの切り替えがおこらないともかぎらないの
で、光の終端装置が置かれる場所で、配線の組み換えができるように
しておく配慮も欠かせません。

換気

　換気はトイレ、浴室（＋脱衣室）、キッチンに用意されます。 排気
だけする3種換気が一般的です。浴室の換気扇をバス乾燥機兼用のタ
イプにするかどうか、キッチンの換気扇を同時給排のタイプにするか
どうかが、クライアントの確認事項となります。

照明

　**照明はまず美しく見せるための照明計画の主方針、ルールを伝えた
方がよいでしょう。** たとえば照明の種類を限界まで減らすこと。照明
器具を極力目立たないようにすること、寝室のスイッチは部屋内、水
まわり諸室は部屋外につけることなどです。コンセントは各部屋2〜
3箇所程度設けつつも、設置する電化製品に即して配置することにな
ります。必要な家電を一覧にしてみると、相当な数があります。特に
常時使うものではない、季節物家電や、たまに使う調理家電などは忘
れやすいので注意してください。そして、くれぐれも備えすぎてコン
セントだらけにならないように注意してください。

208

必要な家電のチェックリスト

冷暖房、空調換気
- □ エアコン（200Vまたは100V専用回路）
- □ 各種換気扇（直結の場合も多い）
- □ 扇風機

サーキュレーター
- □ ホットカーペット
- □ コタツ
- □ ファンヒーター
- □ 空気清浄機
- □ 加湿器
- □ ペレットストーブ（アース付）

キッチンまわり
- □ 冷蔵庫（アース付）
- □ 食洗機（100V専用回路アース付）
- □ 電子レンジ（100V専用回路アース付）
- □ 電子コンベック（100V専用回路アース付）
- □ IHヒーター（200V専用回路）
- □ 炊飯器
- □ オーブントースター
- □ ホットプレート
- □ 電気ポット
- □ 電気ケトル
- □ コーヒーメーカー
- □ ミキサー、フードプロセッサー
- □ 電気泡立器
- □ 家計簿、クックパッド用ノートPC

家事、掃除
- □ アイロン
- □ 掃除機
- □ 掃除機充電、ルンバ・スチームクリーナー

洗面まわり
- □ 洗濯機（アース付）
- □ ドライヤー
- □ 充電型髭剃り
- □ 充電型歯ブラシ
- □ 置型乾燥機

トイレ、浴室
- □ ウォシュレット（アース付）
- □ バス乾燥機（専用回路）
- □ 24時間風呂

テレビ、オーディオ周辺
- □ テレビ
- □ テレビ用ブースター
- □ CATVセットトップボックス
- □ dvd・hdレコーダー
- □ ゲーム
- □ ラジカセ

PC、通信、携帯
- □ スマホ充電（アダプター）
- □ パソコン・モニター
- □ プリンター（アダプター）
- □ スキャナ（アダプター）
- □ ルーター、モデム、終端装置（アダプター）
- □ 電話、fax（アダプター）

照明
- □ 電気スタンド
- □ コンセント式間接照明
- □ コンセント式常夜灯
- □ 充電式懐中電灯

その他
- □ 電子ピアノなど電子楽器
- □ 水槽エアーレーション
- □ 鉛筆削り

外回り
- □ ガス給湯器
- □ 浄化槽ブロアー
- □ クリスマスツリー
- □ 電動工具
- □ 高圧洗浄機
- □ 芝刈り機

5. 材料仕様は現物を直に触って決めてもらう

各種、表の作り方

　実施設計図には、図面以外に各種の仕様を言葉で示す「仕様書」や「表」が入ります。表を埋めるのに絵心は必要ありませんが、知識と経験が必要になるので設計事務所の新人さんにとってはかえって難しい作業かもしれません。選定する材料や機器はできるかぎり現物でクライアントに見せ、具体的にイメージしてもらうことが大切です。

実施設計図に入る仕様書や表

- 特記仕様書
- 該当法令一覧表
- 面積表
- 仕上表
- 建具表
- 給排水設備機器表
- 電気設備機器表
- 構造の特記仕様書
- 壁量計算

「仕上表」は現物と一緒に見せる

　クライアント、設計者の双方が一番気にする表の1つが「仕上表」です。外壁、内壁、フローリングなどの主要な材料は事前に30cm角くらいのサンプルを取りよせておき、クライアントに「現物」を見せて確認してください。

　実際の色の見え方も説明しましょう。壁は大きな面になると、明るく鮮やかに見えます。特に外壁は直射日光があたることもあって、色はサンプルより明るく見えることが多いです。サンプルが淡いグレイであれば、外で見ればほとんど白に見えます。外壁は経年変化で確実に汚れることもあるので、真っ白はできるだけ避けた方が無難です。

　サンプルはできるだけ大きいものを用意し、現地の光で確認してください。メーカーには過去に施工した見学可能な案件があるかどうか確認してみるのもよいでしょう。

仕上表は大きめのサンプルと一緒にみせる。模型や色付きのパースがあれば、さらにイメージしやすくなる

タイルは割付があるから早めに決めておく

タイルは仕上げの中で最も奥様たちがこだわるアイテムです。

タイルを綺麗に見せる要点は3つあります。**まず1つ目はきちんと「割りつける」こと。**壁の幅と高さが「タイル寸法＋目地寸法」の倍数±端部目地分になっていなければなりません。**2つ目は「出隅や小口」を考えること。**丸や六角形のタイルは端部の処理で頭を悩ませることが多いです。また、タイルの小口が見える場合は小口に施釉されているかが重要です。場合によると見切り材をまわす必要があるかもしれません。**3つ目は「目地の色や幅」を気にすること。**同じタイルでも、目地の色しだいで全く表情が変わります。目地の幅は団子貼り（シート貼りでなく、1枚ずつ貼る方法）のタイルでないと調整できませんが、これも見かけや割付を大きく左右します。

以上のように綺麗に貼るには、さまざまな調整が必要です。ところが思い入れが強すぎて、最終決定が遅れ、上記の3つの要点が守れないというケースはよくあります。設計の早い段階でショールームでの現物確認を促し、「現場での変更はNG」というくらいにハードルを上げておいたほうがよいと思います。

「建具表」は複雑。ショールーム同行がベスト

建具表はアルミサッシと木建具の仕様を記入する表です。アルミサッシの仕様は非常に複雑です。クライアントに説明が必要なのは、大きさ、開閉方式、網戸の開閉方式、色、ガラスの種類など多岐に渡ります。特にガラスは複層ガラスが前提となりますが、組み合わせるガラスは透明ガラスの他に型板、型板網入り、防犯、防火、高遮熱（LOW-E）などたくさんの選択肢があります。

表で見てもピンとこないので、設計事務所の担当者は**クライアントと一緒にショールームに行き、操作感などを含めて仕様を1つひとつ確認する**とよいでしょう。

木建具は開閉方式の他に鍵の有無や手掛け、ドアハンドルの形状を確認しておきます。玄関ドアを木製とする場合は網戸が必須かどうかも施主ヒアリングしましょう。

ヘーベーシーベ、ドレーキップなどは必ず動作確認したい

●「機器表」はコストを気にして選ぶ

　注文住宅の場合、機器の選定に全く無頓着なクライアントはいません。そもそも設計事務所に依頼した時点でクライアントの意識は高いです。機器は「設計する」のではなく「選ぶ」のだから、自分たちでもできる。がんばって最良のものを吟味しようとなるわけです。

　しかし、機器にこだわりはじめると1つのパーツで3万とか5万とかのコストアップは当たり前。このとき、「数千万円のうちの数万円は大したことない」とクライアントは考えがちですが、「塵も積もれば山となる」の言葉どおり、5万円アップが20項目あればすぐに100万円アップです。建物全体のコンセプトに筋が通っていて、空間がよ

ければ、機器がどうなろうが建築の価値は変わりません。

　たとえばタンクレストイレを選んだところで、空間はよくなるわけではありません。機器単体として見てもタンクレスは今や別に珍しくありませんから、タンクのあるなしは客観的に見ればどっちでもよい話です。しかし、トイレ周辺にタイルを貼るとか、上空に間接照明ができているとか、建築本体の方に手を入れてるのであれば、かけたお金は同じでも、確実に見る人の目を引きます。

　選んだものがもたらす効果は、設計したものがもたらす効果には及びません。そんなわけで私は、コストパフォーマンスのよい製品一覧を提示した上で、「機器にこだわるお金があるのなら、仕上げに使ってください」といつもクライアントに伝えるようにしています。

設備機器や金物類もショールームで現物確認が基本

　設備機器や手かけなどの金物類は写真で見るとよく見えても、実物を見たら安っぽいということがよくあります。こういった既製品はサンプルは取りよせられませんが、ショールームでは見られるので、クライアントに事前に確認してもらった方がよいでしょう。

　細かいタオル掛けや紙巻器などのアクセサリについては支給にしても構いません。選択肢が無数にある小さなパーツを設計段階で決めきることができるクライアントはほぼいません。「とりあえず」などと言って決めると、何度も図面や見積を差し替えるはめになります。これは時間の無駄ですから、最初に事務所の標準仕様を示して、OKが出なければ支給にしてしまった方が無難なのです。ただし、下地取りつけ段階までに最終決定してもらうようにします。

エアコンやブラインドの相談にものる

　エアコンは竣工後の工事となることもありますが、クライアントが自力でエアコンを選定するのは難しいし、オーバースペックな機器を選んでしまうことも多いので、設計事務所が選定のアドバイスをする方が親切です。**できるかぎりAPF（通年エネルギー消費効率）の数字が大きく、奥行が小さい28〜40型程度の機器を勧めておくとよいでしょう。**オープンな間取りの高気密高断熱住宅であれば、2台程度のエアコンで全館冷暖房が可能です。

　ブラインド類も枠や下地の関係が問題になるので、クライアントが自力で考えるのは難しいかもしれません。専門会社が実測に入らない場合は特に、設計事務所がフォローした方がスムーズです。種類や取り付け方（枠付、壁付、天井付）をおさえた上で、発注寸法、仕様についてアドバイスをするとよいでしょう。

215

実例は最強のプレゼンツール

クライアントに建築物のイメージを正確につかんでもらうためには、実際に建っている建築を体験してもらうのが一番です。模型、スケッチ、図面は建築をモデル化して表現したものですから本物には絶対に敵いません。

原寸大の建築の中で、クライアントは写真では理解できなかった開放感、空間のつながり、窓から見える風景、素材感、光の入り方、明るさ、使い勝手、さまざまな物をそこでつかみとることができます。そんな実体験を可能にする「建築の実例」は究極のプレゼンツールとなります。

設計者が同じでも与条件や要望が異なれば、成果物としては異なったプラン、異なった仕様になり、計画中の建築物と一致することはないかもしれません。しかし、その設計者なりのテイストや考え方は共通しているはずです。実体験を通じて感覚を共有しておけば、できてから、こんなはずじゃなかったということもなくなるでしょうし、設計コンセプトについての理解も深まるはずです。

オープンハウス

自宅を設計事務所として使っている建築家でなければ、自分の設計した建築を公開する一番手っ取り早い方法は「オープンハウス」でしょう。オープンハウスは新規顧客の獲得のために開かれると考えがちですが、設計中のクライアントにこそ見てもらうべきです。オープンハウスの家と設計中の家の図面を同スケールで用意し、コンベックス片手にクライアントの目の前で広さや天井高などを実測、比較しながら眺めれば、大きさの感覚を共有できます。仕上げやしつらえ方で、自分の家とは違った部分があれば、比較してどちらがよいのか、原寸大の実例をもとに検討することもできます。

竣工後のオープンハウス

オープンハウスは引越前に行うのが通例ですが、竣工後のお宅におじゃますることもよくあります。竣工時のオープンハウスでは、物が置かれていないのですっきりしていて当たり前。竣工後数年経った家を見学すると、家具や雑貨などが配置され、適度に生活感が出るものです。それが本当の家の姿です。

竣工後だと室内の温度もわかりますし、使い勝手、掃除のしやすさ、メンテナンス、冷暖房の利用状況など住まい手の生の声を聞くこともできます。

工事中の見学会

工事中の見学は断熱や構造など、性能に関わる部分が適切かどうかを判断するのに役立ちます。性能管理に自信を持つ意識の高い工務店は構造見学会を開催していることが多いので、機会があれば参加して、構造や断熱の考え方を聞いてみるのもよいでしょう。

事前予約しておけば工事中の現場がいつでも見られるという工務店もあります。日常的な現場の清掃状況などを見るだけでも、工務店の選定の参考になるはずです。

オープンハウス

PART 2 本格お仕事編

CHAPTER *6*

現場監理をスムーズに
行うための6つのポイント

施工者の選び方から、現場監理でおさえておきたい要点まで、
滞りなく監理をするための秘訣を紹介します。

1. 施工者はまず、金額以外の要素で選ぶ

3社見積は品質低下を招くことも

　設計事務所が関与する場合、施工者は3社見積で決めるのが一般的です。金額という最もわかりやすい指標で比較して依頼する会社を選定するのは、もっとも手軽でクライアントが納得しやすい方法だからです。**しかし、3社見積はいわゆる「安かろう悪かろう」を招きやすく、クライアントの利益を考えた場合、理想的な選定法とは言えないと私は考えています。**

　建築は他の買い物と比較した場合、「超高額」「一品生産」「契約時現品なし」という特徴があります。特注の超高額商品にも関わらず、現物を確認することもなく、見込みで契約を結ばなくてはなりません。

　完成する建築の品質は契約段階では未知数です。3社見積のせいで金額的に無理して安値で受注してしまった場合、施工者はその分を多少なりとも現場で回収すべく、安全対策などの費用を節約し、下請けも安く程度の低いところを使い、複数の現場を掛け持つ経験の少ない現場監督を配置するかもしれません。

　つまり、建築という高額な注文生産品を安い大量生産品と同じように価格の多寡だけで競わせると、手抜きや欠陥ということにならないまでも、できあがりの品質低下を助長する可能性があるのです。

　私も過去に、スケジュールが間に合わない、現場代理人が管理能力がない、工務店が倒産するといったトラブルに遭遇したことがありますが、今から考えれば、3社見積による安値発注にその原因の1つはあったと考えています。

3社見積のデメリット

程度の低い職人を使う可能性が高まる

管理が行き届かず工期遅延の可能性が高まる

安いほど品質低下のリスクが高まる

特命方式は施工者を味方につけやすい

　現場は結局は人です。どういう能力を持った職人・監督が関わるかで仕上がり具合や作業の進捗は変わってきます。ですが、実際に1つの現場を経験してみないとそのあたりの実態はつかめません。**したがって、クライアントに自信を持って勧められるのは「過去にうまくいった技術力のある施工者」しかありません。**

　特命（1社指名）で見積を出す場合は、価格の競争がないので金額の妥当性は設計事務所が判断しなければなりません。駐車場の要不要、足場など、特殊条件を考慮しつつ、見積を正しく査定すれば特命であっても当初想定した予定の工事金額に近い値になるものです。金額が想定どおりなら、あえて3社見積もりをとるまでもありません。

　特命方式はいろいろメリットもあります。たとえば、設計中に施工の検討やローン用見積などが必要になった場合、将来依頼することを前提にすれば、施工者の協力が得やすいです。得意な断熱の方法や家具や建具の作り方は施工者ごとに異なりますから、早い段階で施工者を決めておけば図面の手戻りも少なくなります。地盤調査は保証とセットになっている場合が多いので、施工者を決めておけば間違いが

ありません。

　技術力のある優秀な施工者はプライドも高いので、技術力を評価して依頼したとなればモチベーションが高くなるのは言うまでもありません。また、何度も依頼することでコミュニケーションは円滑になるはずです。**結局のところ、施工者を味方につけないとよい建築はできないのです。**特命方式は少なくとも住宅では理想的な発注方式だと言えるでしょう。

特命方式のメリット

```
できあがりの品質が予想できる
```

```
構法が決まるので図面の手戻りが少ない
```

```
責任の所在が明確になる
```

新規の工事会社の探し方

　工務店の施工エリアは大体、車で1時間以内くらいです。現場の近くに知り合いの技術力のある工事会社がいない場合はどう探したらよいでしょうか。

　てっとり早く調べるならホームページです。工事会社は木造系か非木造系ということで大別できますので該当する方を探してください。設計事務所対応を得意とし、技術力も知名度もある工務店は一見よさそうに見えますが、施工図作成や手厚い管理などを最初から見込んでいるので、同じ設計でも高い見積になりがちです。金額の小さい仕事

では依頼できないことが多いです。

　リフォームや建売専門の会社、フランチャイズ名を看板にしている会社は技術力不足で、設計事務所の凝った家を作れませんからやっぱり依頼できません。

　目指す工事会社は社長の意識が高く、経営が健全で、金額が妥当で、技術力が高い会社です。自社の設計施工だけでも十分食っていけるが、設計事務所の仕事もちょっとだけ受けるという会社になるはずです。

　工務店は山ほどありますが、そういった工務店を探すのは意外と大変です。そんなときはよく知る施工者に、その地区の仲間の施工者を紹介してもらうという手があります。技術力のある施工者は何らかの優良工務店グループに属していることが多く、勉強会などにも積極的に参加する関係で、横のつながりがあるものです。ちなみに、私が依頼する工務店は社長同士が全員顔見知りです。知らないエリアで新規に工務店を探すときは、ネットで探す前にその社長たちに聞くようにしています。

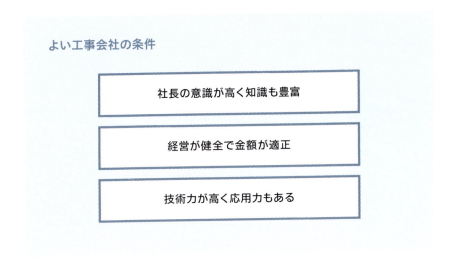

よい工事会社の条件

- 社長の意識が高く知識も豊富
- 経営が健全で金額が適正
- 技術力が高く応用力もある

工務店ヒアリングで聞くこと

　ホームページまたは紹介で、めぼしい施工者が見つかったら工事場所、規模、予算、スケジュールなどの概要を伝え、工事および見積可能か、電話で問い合わせてみましょう。条件が合っていても、新規の設計事務所の仕事はやらないこともあるし、単純に忙しくてスケジュール的に合わないこともあるからです。

　そして、クライアントと一緒に施工会社の社長に会いにいき、ヒアリングしてください。会ってまず確認したいのはその会社の見積書です（事前に連絡して、ヒアリング当日に規模や予算が近い類似案件の図面と見積書を用意してもらいます）。**見積書を見ればその会社のカラーが手にとるようにわかります。**たとえば、材料を見ただけでも工事会社の技術レベルが判断できます。家具、建具、フローリング、階段などが大建工業やパナソニックの既製品、キッチンはシステム、浴室はユニット、外壁が窯業系のサイディングであれば、新建材をプラモデルのように組み立てるだけの会社であると推測できます。

　その他、見積書からはその会社の経費率、数量の拾い方、割引率の高いメーカー、各種建材の基本単価などがわかります。その他、誰が積算するか、支給工事にはどう対応しているかなどもヒアリングしてください。

　木造建築の場合、私が次に注目するのは断熱工事です。断熱工事は気密、通気、止水、構造とも関連が深く、工務店技術力が総合的に見られるからです。木造住宅の場合、断熱工事は最も難易度が高く、管理者にも専門知識が要求されます。各職方も断熱に不慣れだと通気をふさいでしまったり、気密材に穴をあけてしまったりということが起こります。通常使う断熱材は何か、屋根通気を設けているか、コンセント周りの気密処理はどうしているか、どの程度の性能を目標にし、どう管理しているかを聞けば、その会社の技術レベルはすぐわかります。

　また、会社の特徴もおさえてください。現在の年間施工棟数、注文住宅の割合、設計事務所案件の棟数、木造がわかる技術者の数、大

エ・職人の雇い方、加盟団体、完成保証が使えるかどうかなど、ひととおりの内容は聞いておきます。

　また、受注することになった場合に実際に管理を担当することになる監督の年齢や経験、同時担当軒数、将来的なメンテナンス頻度、施工図を描く項目、品質確保の取りくみなどもヒアリングしておきます。

　クライアントはちんぷんかんぷんのはずですから、ヒアリングが終わったら内容を説明し、信頼するに足る施工者であるかどうかを報告してください。

工務店ヒアリングでチェックすること

見積書のチェック項目		BAD	GOOD
共通事項	見積書が一式見積もり	YES	NO
	見積書が坪単価ベース	YES	NO
	数十万、数百万単位の値引きがある	YES	NO
	標準仕様を外した途端高くなる	YES	NO
	変更した途端高くなる	YES	NO
別途工事	外部給排水が別途	YES	NO
	既製品カーポートを採用している	YES	NO
	外構工事が割高	YES	NO
基礎工事	15坪で100万を超える	YES	NO
	残土処分が高い	YES	NO
木工事	グリン材、注入土台、ホワイトウッドを使用	YES	NO
	耐力壁はすべて筋交い	YES	NO
	階段はウレタン仕上げの既製品	YES	NO
断熱工事	GW50mm程度　天井断熱　通気層なし	YES	NO
屋根工事	形状は寄棟でコロニアル葺き	YES	NO
防水工事	バルコニーは奥行半間でFRP防水	YES	NO
外部建具	玄関ドアがアルミ既製品	YES	NO
鉄骨工事	鉄骨工事はない	YES	NO
内部建具	シート張りの既製品建具を使用	YES	NO
外装仕上げ工事	窯業系サイディングを使用	YES	NO
内装仕上げ工事	ウレタン仕上げの複合フローリングを仕様	YES	NO
	脱衣やトイレは柔らかいクッションフロア	YES	NO
石タイル工事	タイルは玄関のみ	YES	NO
造作家具工事	シート張り既製品家具を使用	YES	NO
左官工事	左官は基礎モルタルのみ	YES	NO
塗装工事	塗装は破風・軒天のみ	YES	NO
雑工事	拾い落ち・項目落ちがある	YES	NO
	手すりや玄関庇がアルミ既製品	YES	NO
電気工事	標準仕様、個数がすべて決まっている	YES	NO
給排水設備工事	標準仕様がすべて決まっている	YES	NO
住設工事	洗面台がプラスチック製	YES	NO

優良工務店はほとんどの項目がNOになる

2. 「数量拾い」が コスト調整の要

コストオーバーの処理方法

要望をフルに聞いていたら予算は当初より増えてしまうものです。私は50軒以上の住宅を設計していますが、1回の見積で予算に納まったことは数えるほどしかありません。工事費を圧縮する一番てっとり早い方法は、値引きです。クライアントも喜びますが無根拠な値引きは、施工者の首を絞め、監理者の首を絞め、品質の低下というクライアントの損になって返ってきます。**品質を下げずに金額を下げる正当な方法は、見積書をきちんと査定して、減額を作る以外にはありません**。まずは金額の基準となる数量や単価を精査します。

数量×単価×（1＋経費率）＋消費税＝見積価格
- 数量 → 設計事務所が自ら拾う
- 単価 → 過去案件の単価と比較する

出てきた3社の数量を比較して、数量の妥当性を判断するというのが一般的な設計事務所の見積査定方法です。しかし、数量は設計事務所でも拾い出せるのですから、工事会社の見積を待つ必要はありません。小さな住宅であれば慣れれば2日程度ですべての数量を拾い出せるはずです。少なくとも、設計者が一番わかっている内外装面積くらいは拾うべきだと思います。私の事務所では基本的に特命で出すので、見積に先立って工務店に先に数量を渡すことを原則としています。

次にチェックするのは単価です。物価上昇は仕方がありませんが、特命のときは特に過去案件の単価をそのまま使ってもらうようにします。

下請けから出てきた数量や単価ををそのまま入れる施工会社もありますから、こんなふうに数量と単価の精査をしただけでも数十万の減を作れるのではないでしょうか。

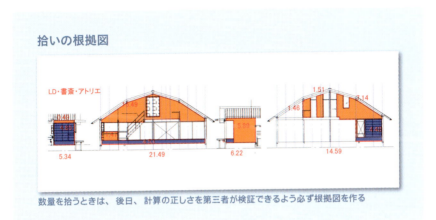

数量を拾うときは、後日、計算の正しさを第三者が検証できるよう必ず根拠図を作る

● 拾い落ちや二重計上

　出てきた見積書の中で落ちている項目があれば、再見積までの間に指摘します。図面と見積書の優先順位が特記仕様書などで明文化されていたとしても、現場でもめる原因になるからです。

　金額の調整は設計者と施工者の信頼関係があってはじめて成り立ちます。得するものだけ指摘して、損するものは黙っているなどというやり方は、継続的に同じ施工者に依頼するなら避けた方がよいでしょう。

　住宅であれば、計上漏れしやすい項目としては玄関庇、点検口、ポスト、手すり、5倍耐力壁の合板などが挙げられます。

● 合わせ技が一番効く

　減額項目を作るときに一番効くのは、まるまるなくしてしまうことです。材料の置き換えは差額しか減らないので、あまり安くなる感じ

はありませんが、床暖房、太陽光発電、トイレの手洗い、置き家具にできる家具、後回しにできる植栽やフェンスなどは、まるまるやめることも可能で、費用を大きく浮かせられます。

　また、材料の置き換えであっても多くの工種が絡む工事も減額には有効です。たとえば、洗面台の工事は家具、建具、設備機器、タイル、鏡、塗装などが絡みますが、これを既製品に変えると、大きな減額が作れます。浴室やキッチンも同様です。もちろん、こだわりのポイントでもあるので意匠的な部分も加味して判断してみてください。

施主工事は塗装工事が限界

　クライアントが自分で工事に参加して費用を浮かせるという方法もあります。代表的なものは塗装工事です。クリアのオイル塗装であれば、素人でも簡単に施工できます。私のクライアントのほとんどは床の塗装を自分たちでやっています。床、枠、

施主塗装

幅木、階段、建具、家具まで手をつければ、施主塗装だけで数十万単位の減額を作れます。床の塗装は最悪引渡し後でもかまいませんが、枠、幅木、造りつけ家具の外周部、階段などは壁の施工に先行して塗装しなければなりません。土日しか休みがないクライアントの場合はスケジュール確保が問題です。通常の工期であれば施工者の指定する週末に、ピンポイントで塗装工事に入ってもらう必要があります。

　左官も施主工事の可能性はありますが、範囲を絞らないと難しいことが多いと思います。

施主支給は意外と大変

　「施主支給」で安くする方法もあります。見積書に記載される機器

などは、1割程度の施工者経費が計上されているのが普通です。また、施工会社は機器を商社や建材問屋から掛け払いで仕入れる関係で、仕入原価もネット最安値で買うよりは高くなります。クライアントがネット最安値で買って施主支給した場合は、当初の見積金額との間に差額が生み出せます。ただし、次のような手間が余計にかかってきます。

- 現場に合った商品の選定（施工・設置が可能かどうかの確認）
- 発注（在庫確認）
- 受け取り＋現場への搬入
- 納品された物の確認（欠品、不良があればその対応）
- 梱包材の処理

　何のことはない、安くなった分はクライアントがリスクをとって、自ら調べ、働くということです。作業的にはかなり面倒なので、覚悟のあるクライアントでなければ、支給品目も簡単なものだけに限った方が無難です。

　特に水栓など給排水に絡むものはパーツ点数や組み合わせが多く、その道のプロの職人でも全体把握は難しいので、支給向きではありません。反対に、トイレ、コンロ、オーブン、食洗器、エアコン、照明器具などは必要なものがパックになっているので、支給は比較的楽です。

　ただ、大型のものは作業の邪魔になりますから、施工のタイミングがくるまで、現場に搬入することはできません。サラリーマンで土日しか休みがない場合、必要なときに必要なものを現場へ納入するのは結構厄介かもしれません。また、施工者は作業日を指定して取りつけの職人の手配をしますので、指定の日に支給品がなかったりパーツが足りなかったりすれば、余計な日当をクライアントが負担する形になります。そういう一切合切のリスクをとる覚悟がクライアントにないのであれば、施主支給はお勧めすべきではありません。

3. 現場監理の勘所

壁位置、高さおさえの再確認

　見積もり調整や確認申請が終わり、工事契約が結ばれると、いよいよ現場が始まります。これから木造住宅を例にとって、現場監理の一連の流れを見ていくことにします。**最初に行うのは躯体図（木造住宅の場合は、基礎の詳細図）のチェックですが、契約してから若干、間が空くのが普通です。この時間を使って「壁芯の位置」「サッシ枠、木枠の位置」「床見切りの位置」「建具芯の位置」を整理しておきましょう。**事前に施工者に想定している戸の厚みやクリア寸法だけ聞いて、寸法を厳密に出しておけば、縮尺1/50の図面に寸法を記入しておく形でもかまいません。

　同時に高さ方向についても「桁や棟木の高さ」「土台や胴差しの高さ」を再度、最終調整しておきます。この一連の作業は各種施工図チェックのときのベースとなりますから、施工者やプレカット会社にも渡しておくと無駄がありません。

　基礎コンクリートの施工図は記入された寸法をすべてマーカーで塗りながら1つずつチェックしていきます。特に芯ずれしている部分や、玄関ドアの切り欠き幅などは寸法を正確におさえます。基礎立ち上がりに補強筋を入れる場合はその範囲を指示します。

棟木や桁の高さおさえ

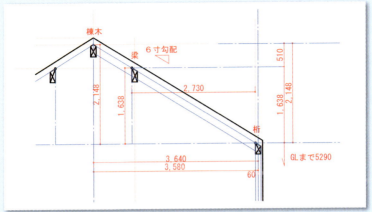

矩計図に書き込むより、このような簡単な略図を描いたほうがわかりやすい

基礎コンクリートの施工図

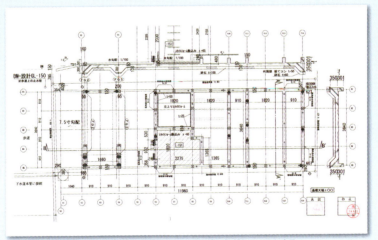

細かい図面だが、すべての文字、数字をマーカーで塗りながらチェックする

構造金物は基準法またはN値計算（柱頭柱脚につく金物を選定するための簡易計算）をして配置します。**N値計算をしてホールダウン金物でなくビス止め金物を使う場合でも、引き抜きの発生する柱の近傍には必ず土台アンカーを設置してください。**土台アンカーは土台継ぎ手部にも必要なので、プレカット図は土台伏せを先行して作ってもらうようにします。アンカーボルトと配管の干渉にも気をつけます。また、ホールダウンのアンカーボルトは使う種類によって埋め込みの長さが変わるので注意してください。

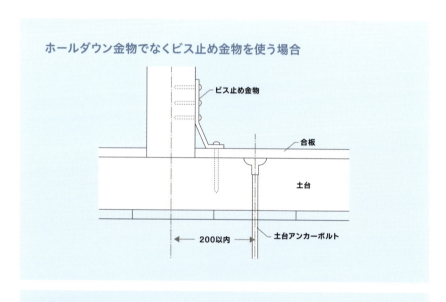

スリーブ図（給排水配管の基礎貫通箇所の位置、高さ、口径を示す図面）はエアコンの隠蔽配管を忘れやすいので注意します。各種配管が通る区画は点検できるようにしておきます。

　コンクリートの配合報告が未提出なら提出を催促します。スランプ、水セメント比、単位水量、強度が一般的でない設定なら、特記仕様書に記載されている仕様を口頭でも伝えておきます。

スリーブ図

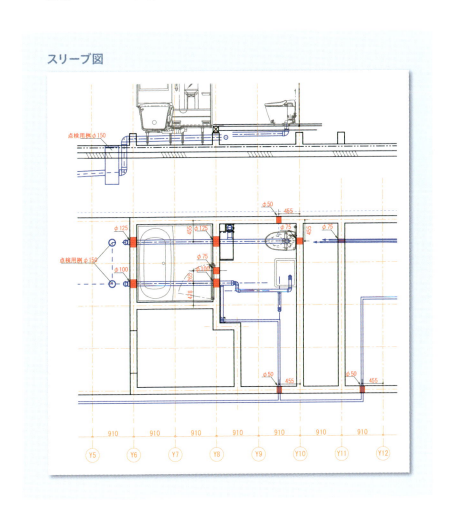

配筋検査は特殊部を見る

　配筋検査は鉄筋1本1本の径、ピッチ、定着・継手の長さが図面の仕様に合っているかチェックする検査です。慣れていないときはどこを見てよいかわからないものですから、右ページのようなチェックリストを作成して見ていくとよいでしょう。

　かぶりは立上りを重点的に見てください。立上りは型枠との取り合いに精度が要求されるからです。瑕疵保険が強制保険になってからというもの、第三者の検査も入ることもあり、配筋検査でたくさんの指摘事項が出ることは少なくなっています。したがって監理者は設計内容に関することを中心にチェックすると効果的です。

　躯体図でも注目した芯ずれしている立ち上がりや、玄関の開口はまずチェックします。アンカーボルトも数が多く間違いやすいので、1つずつ位置を確認していきます。ホールダウンは打設時にずれないように固定されているか、埋め込み長さは適切かをチェックしましょう。**そして、検査の最後に打設の段取りを必ず現場監督と打ち合わせしておきます。**

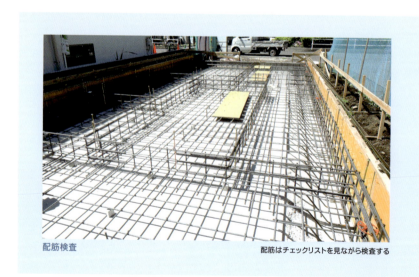

配筋検査　　　　　　　　　　配筋はチェックリストを見ながら検査する

配筋検査のチェックポイント

邸　配筋検査チェックリスト	年　　　月　　　日　チェック者
■一般事項	
・GL設定　BM位置	□BMは動かないものに
・建物配置（境界からの離れ）	□地縄通りか配筋時も再確認
・排水管の最終升までの勾配が取れているか	□最終桝が浅いときは注意
■型枠などのチェック	
・通り芯ピッチ	□全スパン。特に芯ずれしているところを重点的に
・基礎深さ、高さ	□特に外周部立下り寸法。深基礎部にも注意
■配筋のチェック	
・配筋径、ピッチ、本数	□角部位ごと全数確認
・定着（35d）、継手（40d）の長さ	□配筋@200なら3マスが目安（d13のとき定着 40d=520mm）
・配筋のかぶり寸法	□底版下部60mm以上、土に接する部分40mm以上、その他の部分30mm以上
・開口部や隅角部などの補強筋	□d13上下に1本ずつ
・玄関の立ち上がり部鉄筋	□鉄筋切る必要あるか
■アンカーボルトのチェック	
・ホールダウン金物の仕様・位置・長さ	□全数確認
・土台アンカーボルトの仕様・位置・長さ	□全数確認 □ビス止金物から200以内
■スリーブ	
・配管スリーブ　給排水ガス	□全数確認
・2階トイレの排水スリーブ注意	□忘れやすいので注意
・エアコン隠ぺい配管用の配管スリーブ	□忘れやすいので注意
・開口補強	□全数確認
■その他	
・防湿シート破れ補修	□テープなどで補修
・型枠内のごみ	□取り除く
■打設前の最終確認	
・配合計画書の確認	□なければもらう 現場にはコピーを持参すること
・施工日　施工開始時間	□施工日（　　　　　）　施工開始時刻（　　　　　　　）〜
・打設量	□打設量（　　　　　）m³　生コン車（　　　　）t車
・生コン工場の位置	□生コン工場から現場までの所要時間（　　　　　　）
・天候と養生方法（特に夏季と冬季）	□天候（　　　　　）　養生方法（　　　　　　）
・モルタルの捨て場所	□位置（　　　　　　　）穴を掘る？ バケツで受ける？
・検査屋さんの手配	□第三者検査してから打設開始

※チェックリストの項目毎に写真を撮っておく

コンクリート打設は必ず立ち会う

　コンクリートの打設時、打ち始めはいろいろ確認すべき事項があるので必ず立ち会うようにします。

　生コン車が来てもいきなり打設を開始してはいけません。第三者検査のスランプを確認してから、現場代理人に打設開始を指示します。ポンプ車に最初に流すモルタルは型枠の外に捨ててもらいます。あらかじめ穴を掘るなどして、周囲を汚さないようしておきます。

　生コン車は伝票でプラントを出た時間を確認してください。練り混ぜから打設完了まで夏季（25℃以上のとき）は1.5時間、それ以外の時期は、2時間以内が条件です。

スランプ等の立ち会い確認
私の事務所ではスランプ15が標準

モルタルは型枠の外に捨てる

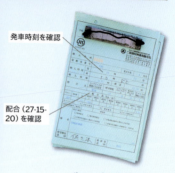

発車時刻を確認
配合（27-15-20）を確認
生コン車の伝票

プレカットは弱点を作らないようにチェック

　現場監理のハイライトはなんといってもプレカットのチェックです。たくさんの確認事項がありますがその代表的なところを見ていきましょう。

要点の確認

　まずはその建物の構造的な特徴、要点を再確認します。片持ち梁、スキップフロアの段差部、L型平面の入り隅などの明らかな特徴はもちろん、風圧力を受ける吹き抜けの柱梁、スパンが大きい梁、集中荷重を受ける梁、4方差しで欠損が大きくなりそうな柱などにも注目してみてください。

　施工者やプレカット会社の設計者とも相談しながら、そこが構造的な弱点にならないように架構を組み立てることが、プレカットチェックのテーマです。

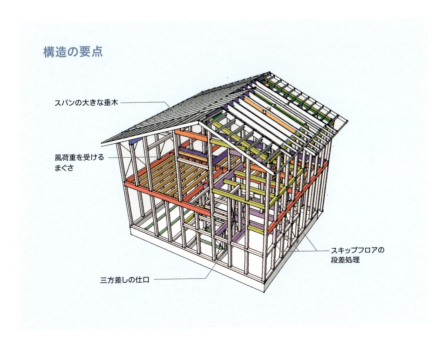

構造の要点

プレカット段階ではあまり大きな変更はできないと思いますが、梁サイズを30mm単位で増やす、梁勝ちを柱勝ちに変える、在来仕口を梁受金物の仕口にする、小梁を増やすといった程度の変更は十分可能です。

仕様書の確認

テーマが見えたら次に仕様書をチェックします。伏図から見始めるのは順番が逆です。材料が決まらなければ梁せいも決まらないからです。仕様書と設計図を照らし合わし、材料の仕様を確認します。私の事務所の仕様だと、土台はヒノキKDかサイプレス、柱は杉のKDで「背割りなし」、梁はベイマツで、210以上の梁はヤング係数E110以上の指定となります。床下地の厚物合板は実（さね）ありの場合は接着剤併用で梁に対して直交方向の千鳥貼り、実なしの場合は3尺ごとに60角程度の受け材を入れて梁平行貼りを基本にしています。

間柱欠きのルールは工務店とも相談して決めますが、意匠で見える露出梁には欠きを作らないよう指示します。

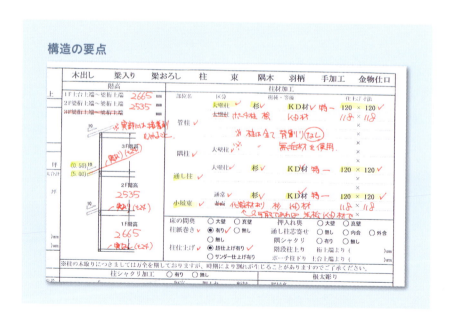

基本チェック

　仕様の確認が終わったら設計図と照合しながら、柱梁のサイズと配列を確認していきます。芯ずれしている柱梁などに特に注意してください。梁の高さは基準の高さからのプラスマイナスで表現されています。勾配屋根で桁や梁を小返しカット（梁天端の斜めカット）する場合は芯でなく高い方で高さをおさえるのが普通です。間違いやすいので、スケッチなどを添付して確認し合うようにします。

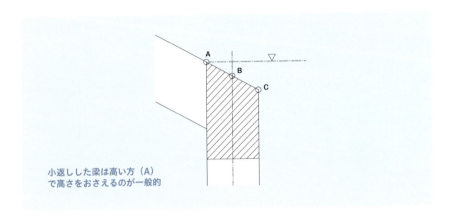

小返しした梁は高い方（A）で高さをおさえるのが一般的

あらわし材関係

　あらわしとなる材料はプレカット図面の中ではハッチング表記などで明示されます。

　あらわし材は現場搬入時、紙で養生されます。刻印もつきませんので施工時向きを間違えないようにします。

柱の角のR状の隙間

　合板を露出させる場合は刻印面を上下どちらに向けるか、サンダーがけするかどうかも確認します。また、プレカットで合板を加工する場合は、2階床と取り合う柱の角にR状の隙間が生じます。これを防ぐには2階柱脚の合板取合部分に欠きこみ（しゃくり）を設けておく必要があります。

継手や仕口の確認

　梁や土台の継ぎ手位置は応力が一番小さくなる部分に、平面的に位置が揃わないように設けます。設計図に記載がなければプレカット会社は通常3〜4m材で納まるように描いてくるので、構造的に問題があれば、連続梁にするか継ぎ手位置を調整します。また、耐力壁内には継ぎ手は原則設けないようにします。仕口は私の事務所では柱が3方刺し、4方刺しとなる柱や、梁せいの大きな小梁が複数かかる大梁は、欠損が少なくなるよう梁受金物工法としています。また、集中荷重を及ぼす柱脚の仕口、片持ち梁の根元部分と取り合う柱頭柱脚の仕口はホゾパイプ金物を標準としています。

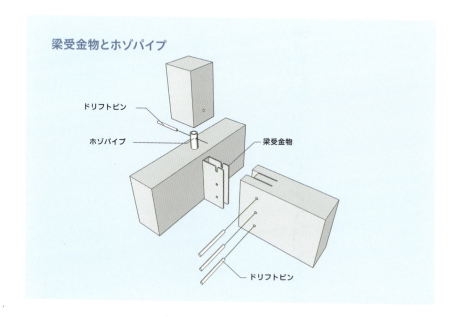

梁受金物とホゾパイプ

設備電気との関係

　設備電気の取り合い確認もプレカットチェックの要点です。換気は特にキッチンのレンジフードが要注意です。キッチンレイアウトからフードは自動的に位置が決まってくるので、ダクトと柱が干渉しないかチェックします。柱と干渉する場合はダクトを挟むように2本の柱にす

るのもよいでしょう。換気が梁と干渉する場合は天井を下げる、小梁の方向を変えるなどで対応します。

　排水管と梁の干渉は換気と同様に対応します。トイレ排水は3尺間口の中央になるので、小梁と干渉しやすいです。これも梁方向を変えるなどで対処します。

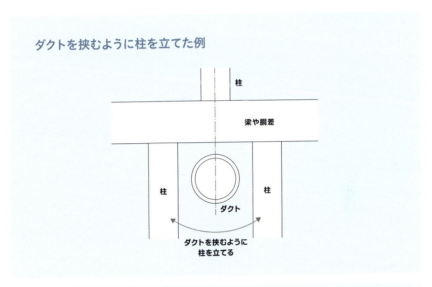

ダクトを挟むように柱を立てた例

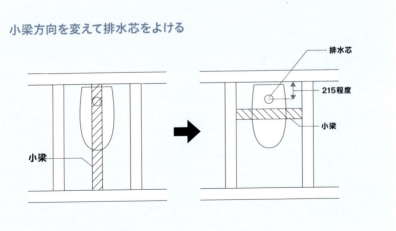

小梁方向を変えて排水芯をよける

電気は軸組みが組みあがってからルートを考えるのが普通ですが、2階建てで、1階も2階も天井がないときは、2階の剛床の上に根太を流し、通線スペースとするなどの工夫が必要です。このような場合は、あらかじめ階高を調整しておきます。

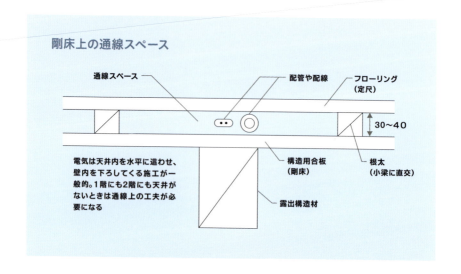

天井がある場合でも、光配管と幹線に気をつけます。できるかぎり梁貫通がないようにすべきですが、貫通が複数出る場合などは梁せいを大きくすることも検討した方がよいでしょう。

分電盤上部は電線が集中するので、天井が高く梁せいが大きいと、電線が壁の中に入ってこれない可能性もあります。その場合は壁をふかすなどで対応します。

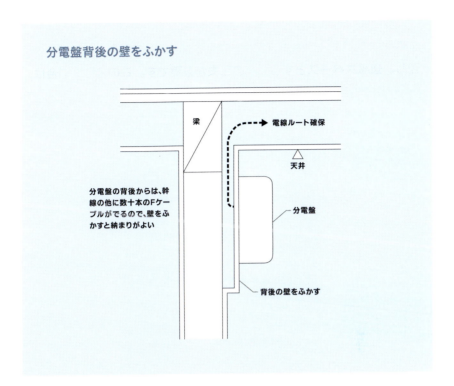

分電盤背後の壁をふかす

梁

電線ルート確保

天井

分電盤の背後からは、幹線の他に数十本のFケーブルがでるので、壁をふかすと納まりがよい

分電盤

背後の壁をふかす

仕上げや機器との関係

　天井高は梁下に入る配管配線で決まります。Fケーブルだけのときは梁下から天井材までのクリアは15mm以上、電気配管があるときは30mm以上とれば間違いありません。また、窓台やまぐさは大きな水平力を受けます。柱が1間半以上跳んだら、柱材以上の材料を入れておいた方がよいでしょう。

　本棚やピアノなどの重量物の直下に入る梁のサイズは改めてチェックします。2階のユニットバス、鉄骨バルコニー、階段、玄関庇、などは大きな荷重がかかります。プレカット段階で、専用の受け梁を入れておきます。

243

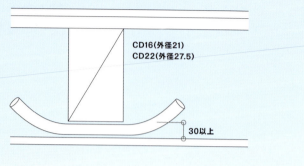

配管があるときは梁下は30以上確保する

金物関係

金物チェックはプレカットチェックの隠れた要点です。基本的に羽子板ボルトを始めとする補強金物類は露出で使えないし、屋根取り合い、サッシ取り合いなどがあると、取りつけられないこともあるからです。金物は適材適所で臨機応変に選び、取りつけ方を考える必要があります。

梁の端部には必ず羽子板ボルトがつきます。羽子板ボルトの記号はプレカット会社ごとに違うので、あらかじめ一覧表をもらうとよいでしょう。羽子板ボルトには1箇所あたり2本のボルトがつきますが、各々の座彫りのあるなしを記号が示しています。座彫りするかどうかは仕上げのあるなしで判断します。

通し柱に対して梁を引くときは、梁の上または下に羽子板がつきますので、梁下または梁上にすぐ窓がつくときは取付位置を注意します。露出梁は角穴引きとか梁受金物で逃げるとよいでしょう。

角度が急でなければ屋根の登り梁を桁に対して引くことも可能です。急なときは、ビス止めの金物を利用します。次ページの図はビス止め金物で逃げた事例のスケッチです。

羽子板ボルトの一覧表

羽子板ボルトの略号（例）

	羽子板座彫り	かんざし座彫り
	なし	なし
	なし	あり
	あり	なし
	あり	あり

角穴引きボルトの略号（例）

	穴の向き	座彫り
	上	なし
	上	あり
	下	なし
	下	あり

羽子板ボルトの表記例

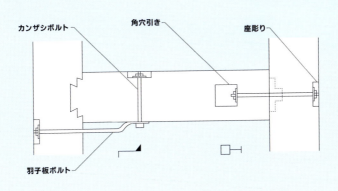

登り梁の引き方

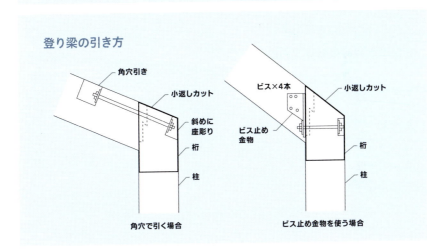

材の勝ち負けも金物の取りつけ方に関係します。たとえば、耐力壁になる切妻妻面の登り梁は桁や棟木が登梁に対し勝ちになるので、登り梁を直接ホールダウンなどで柱に対して引く工夫が必要になります。

上棟前は屋根端部納まりを整理する

上棟後すぐ屋根工事が始められるようにプレカット軸組みを加工している期間を利用して、**工務店と軒先とけらばの納まりを詰めておきます**。広小舞、登り淀の寸法は野地を張る段階でも必要です。また、この時期には上棟時に使う実つき合板の実部に使う接着剤や合板ジョイント部に貼る気密テープの手配を指示します。上棟時に搬入される各種釘、金物、断熱材、構造用面材の仕様なども確認しておきます。

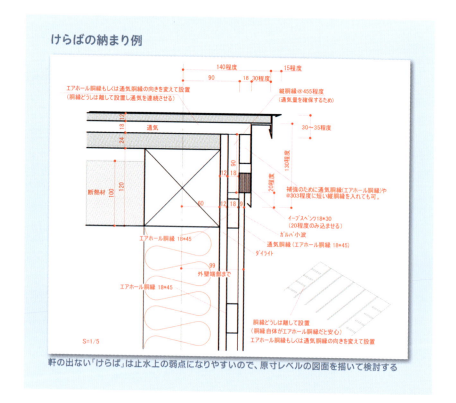

軒の出ない「けらば」は止水上の弱点になりやすいので、原寸レベルの図面を描いて検討する

● サッシの発注時は納まりも決める

　防犯ガラスが入る場合などは特に納期がかかるので、上棟前後のかなり早い段階でサッシを発注する必要があります。枠の納まりやブラインドの取りつけ方をイメージしながらサッシの発注用一覧をまとめ、クライアントに確認します。開き勝手やガラス種類は間違わないように、簡単なマンガを用意すると確実です。

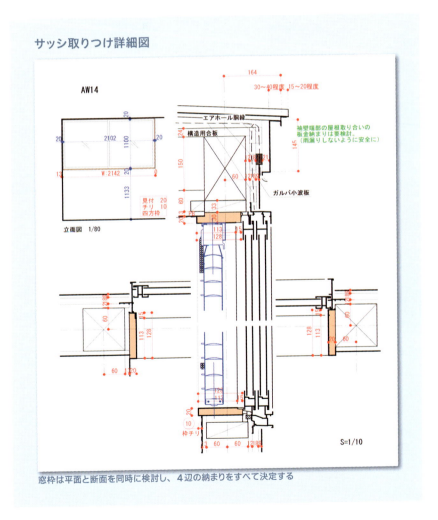

窓枠は平面と断面を同時に検討し、4辺の納まりをすべて決定する

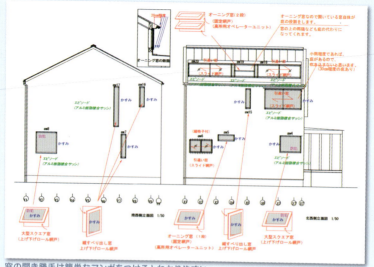

窓の開き勝手は簡単なマンガをつけるとわかりやすい

　隣家から**1m以内の窓については目隠し請求権という民法上のルールがあることを説明した上で、ガラス種類や目隠しを決定します。**

　サッシは色、開き勝手、網戸種類、クレセント位置、ハンドルの種類（滑り出し窓）など選択肢が非常にたくさんあります。ガラスもフロート、Low-E、網入り、型板、防犯など種類があり、ガラス厚やスペーサーの種類も決定しなければなりません。さらにLow-Eガラスには色種と断熱型、遮熱型があります。

　外回りサッシではそれを組み合わせて複層ガラスにしますから、その組み合わせは非常に複雑です。

　サッシ・ガラス関係はかならず1つ2つは間違っているものとして疑ってかかりましょう。施工者がサッシ施工店に発注する発注書などを設計事務所が確認するのもよいでしょう。そして、現場では監督と一緒に早い段階で納品の確認をしてください。

上棟日は外壁・屋根・床材を決める

上棟日は屋根、外壁、床材最終確認の時期です。事前に大きなサンプルを取り寄せ、現場の光でクライアントに見てもらうとよいでしょう。土台水切り、樋なども併せて確認します。また、上棟日は構造用面材下に隠れてしまう金物や、搬入された資材（合板や断熱材、構造用金物、釘、通気資材など）を特に注意して確認します。

間柱やサッシまわりの下地に注意

上棟して屋根ルーフィングが終わり、外壁沿いの金物付けが終わると、次は間柱入れと外壁の構造用面材張りになります。窓まわりは指示しないと柱見込みと同じ寸法の窓台、まぐさ、間柱がぐるっと回ることになります。私の事務所ではたとえば袖壁に取り合うサッシは正規の間柱を入れないように指示します。

また、5倍壁やユニットバスの納まりが厳しい場合などで真壁納まりとなる部分は忘れずに間柱サイズを小さくしておきます。

設備配管位置の指示

上棟後、1階の床合板を張る前に設備会社が一度現場に入ります。この作業に先立って、主要な給排水管の位置を指示します。機器表で壁給排水の機器が選ばれていると、そのまま表どおりに壁給排水として、土台を大きく欠き取るなど構造をいためてしまう設備会社もありますから注意してください。

電気機器のプロットと打ち合わせ

上棟して形ができると、クライアントは電気のイメージがつかみやすくなります。**断熱工事、電気工事が本格化する前に展開図と平面図に電気機器をすべてプロットします。**

この作業では引き込み位置、メーター位置、分電盤位置はもちろん配管や幹線、柱や間柱配置なども意識しなければなりません。そして使い勝手、家電、家具の配置などをイメージしながら、1つひとつ現場でクライアントに寸法と仕様を確認します。

スイッチ・コンセントのプレートは、こだわりアイテムの1つですが、タンブラースイッチなどを使うとボックスサイズから変わるので、実際使うプレートなども意識しながら決めていく必要があります。

また、エアコンの位置を検討する際は、隠蔽配管にするかどうかについても同時に決定してください。

框、見切り、レール

フローリングの工事が始まる前に、フローリングの張り方向も一緒に決定します。厚物合板で剛床にする場合は梁の方向を気にする必要はありません。また、同時期に玄関框や2階階段吹き抜けまわりの床見切りの位置や納まり、引き戸レールの位置、床材の仕上げ切り替え位置、納まりも指示します。

電気機器をプロットした展開図と平面図

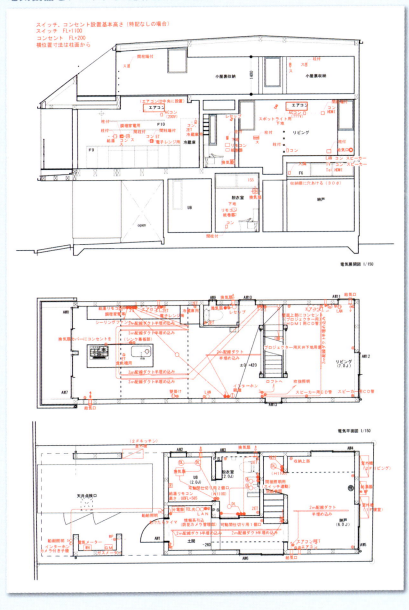

● 階段・手すり関係

　階段は納まりがデリケートなので現場で再度寸法関係を確認します。また、階段や吹き抜け回りの手すりについては、クライアントに将来的な落下防止ネットの設置法まで含めて確認するようにします。

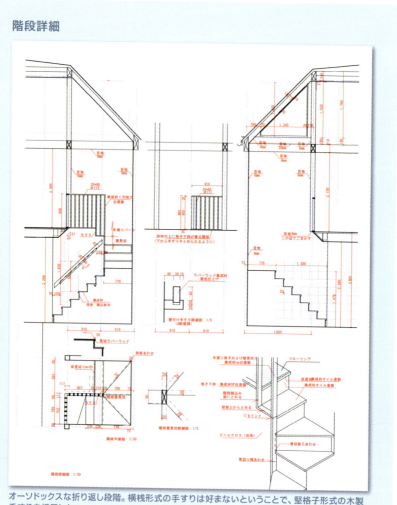

オーソドックスな折り返し段階。横桟形式の手すりは好まないということで、堅格子形式の木製手すりを採用した

● 家具詳細

　現場後半のメインイベントは家具詳細図の作成です。大工工事の造りつけ家具はボードより先行するため、見切り類のすぐ後に決めておく必要があります。各部の大きさ、扉の開き勝手、素材、色、棚板の枚数、天板の種類など、設計図の内容を現場で再度確認します。施工上の逃げなどを考慮して若干寸法を微調整したりすることもあります。キッチンを製作する場合は、天板の製作に納期がかかるので、早めにクライアントと調整・発注するのがよいでしょう。

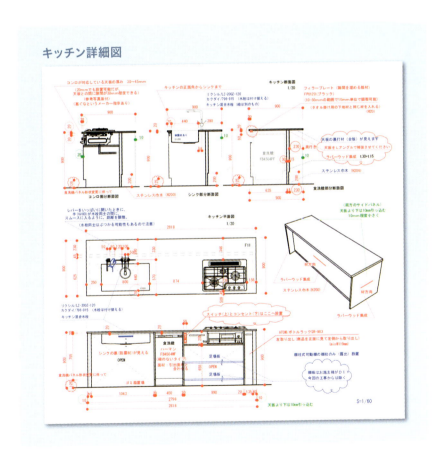

4. トラブルの5割は誤発注

発注ミスはお金も時間もロスする

　材料の発注や納品確認は現場監督（現場代理人）の重要な業務です。 材料の発注が遅れると、建材が届くまで次の工程に進めなくなり、スケジュールが遅れます。また、建材を間違えて発注してしまうと返品できない建材は金銭的な負担になります。

　誤発注した材料で施工してしまったら最悪です。たとえば、コンクリートを間違って発注して基礎を打ってしまったことを想像してみてください。図面寸法の読み間違いなどは、多くの場合部分的な修正で足りますが、材料が違っていれば、施工済み部分を一回壊して補修をした上で、全部一から作り直さなければなりません。**工期が厳しい現場では誤発注は命取り**です。

　こんなに大きな間違いではないにせよ、現場監理をしていると、このような発注のミスに遭遇することがあります。

　設計者の指示ミスでなければ、その責任を設計者が追及されることはありませんが、**設計者と監督が協力し、ダブルチェック体制を作れば発注ミスは最小限にできる**ので、一工夫すべきだと常々思っています。

現場での変更は最小限に

　機器や仕上げの発注で間違ってしまう一番の原因は、なんといっても「現場での変更」です。変更を当然の権利のように考えるクライアントは多いのですが、現場監理の基本はあくまで「図面どおりに施工

すること」です。変更がたびたびあると、変更に対する調査や見積対応に追われ、本来の「品質管理」ができなくなる上、建築の完成度が下がる可能性があるということを、クライアントによく説明しておく必要があります。

また、変更する場合は伝言ゲームにならないように、クライアントから、色、型番などを明記した文書を出してもうようにします。

図面と見積書の不整合

　図面と見積書の不整合があるにも関わらず、見積書だけを見て発注してしまう若い現場監督もいます。特記仕様書には図面と見積書の優先順位を明記するとともに、契約前には両者に不整合がないか再チェックするようにしてください。

副資材にも気をつける

　タイルや塗装などは現場で最終決定されることがほとんどですから、設計段階で細かい副資材まで決められないことも多いです。しかし、副資材といえどもあなどれません。たとえばタイルの目地の色、幅などは間違えると全部貼り直しになりますから、特に注意が必要です。

紫色の目地材を使用した例

　副資材はすべて工務店にお任せならよいのですが「選択肢があるなら発注前に質問してくれよ」と思うシーンもたまにあります。たとえばコーキングの色などは、ベテラン監督には質問されますが、新人監督だと勝手に施工されてしまうという具合です。

発注内容確認リストを作る

　何らかの選択肢がある建材はすべて発注前に監理者が確認するように
にすれば、前述したトラブルは減らせます。確認すべき建材の種類と
特に注意すべき項目・選択肢をリスト化して、施工者に渡しておくだ
けでよいのです。私の事務所では次のリストを特記仕様書に明記して
います。

発注内容確認リスト

基礎関係
- □ コンクリート配合　　　水セメント比、スランプ、プラントまでの距離
- □ アンカーボルト　　　　埋め込みの長さ
- □ 基礎パッキン　　　　　外周通気部、気密部、内部
- □ 給水ヘッダー　　　　　採用するか否か

躯体・下地関係
- □ 垂木材、間柱材　　　　材種、寸法
- □ 構造用n釘　　　　　　メーカー、製品名、長さ
- □ タルキ用ビス　　　　　長さ
- □ 構造金物　　　　　　　部位別N値
- □ 合板　　　　　　　　　耐水等級、仕上げ等級、刻印の向き
- □ 合板用接着剤　　　　　住木認定
- □ 構造用面材　　　　　　製品名、厚、寸法
- □ 石膏ボード　　　　　　厚、種類（特に防火、準耐火からむとき）

断熱・通気関係
- □ 断熱材　　　　　　　　部位ごとに、製品名、断熱等級、厚
- □ 通気胴縁材種　　　　　寸法、エアーホールのあるなし
- □ 通気部材　　　　　　　メーカー、製品名、種類、色
- □ 野地用気密テープ　　　メーカー、製品名、種類
- □ 透湿防水シート　　　　メーカー、種類

屋根・樋関係
- □ 屋根材　　　　　　　　葺き方、材料、色、さざなみのあるなし
- □ ルーフィング　　　　　メーカー、種類
- □ 雪止め　　　　　　　　形式（連続、単発）、色
- □ 縦樋　　　　　　　　　色、太さ、でんでんの出寸法
- □ 軒樋　　　　　　　　　色（表裏とも）固定方法
- □ あんこう　　　　　　　色、形式

外壁・サッシ関係
- □ 外壁材　　　　　　　　同固定部材

□ 水切り	寸法形状、色
□ 外壁コーナー役物	曲げ or イカコーナー
□ 異種材役物	材の勝ち負け、見切りのあるなし
□ サッシ	色、勝手、網戸
□ ガラス	種類、空気層厚、LOW-Eの色、向き

仕上げ材

□ 枠材	樹種、寸法、塗装の別
□ フローリング材	張り方向、見切り
□ たたみ	厚、畳床、畳表材質、色
□ タイル、石	目地材の色、種類、割付
□ タイル目地材	メーカー製品名色
□ 塗料	色、艶、塗り分け方
□ コーキング材	種類、色

建具・家具関連

□ 引戸レール	メーカー、製品名、種類、材質
□ レバーハンドル	メーカー、種類、色、素材
□ 錠	種類　色　表示や非常開錠のあるなし
□ 木建具	材質、木目方向、色、大手の処理、手かけ
□ 棚柱	製品名、材質、埋め込みの別
□ 引き出し用レール	種類、製品名、引き出し可能寸法、ソフトクローズ
□ スライド丁番	かぶせ寸法、ソフトクローズ
□ ダボ	種類、径
□ ハンガーパイプ	種類、製品名
□ ステンレスカウンター	水返し・バックガードのあるなし、表面仕上げ
□ シンクトラップ	形式（KITorボトル型）、材質

設備・電気関連

□ 設備機器一般	製品名、色
□ 電気機器一般	製品名、色
□ スイッチコンセント	製品名、色（特に内壁が白くない場合）
□ 配線ダクト	色
□ 電球類	色種類
□ 給湯器リモコン	形状
□ ウォシュレットリモコン	形状
□ メーターボックス	色、形状
□ 屋外フード	色、形状、網のあるなし
□ エアコン	型番、色、配管経
□ 給気口	製品名、色（特に内壁が白くない場合）
□ 火災警報器	色

各種建材

□ ユニットバス	天井高さ、給湯リモコンの位置
□ 床下点検口	製品名、枠の色、
□ 既製アルミ庇	スダレ用穴のあるなし
□ ポスト	製品名、色

外構関係

□ 外部モルタル	仕上げ（刷毛引き、金ゴテ）
□ デッキ束石	種類、寸法
□ デッキ材	材種、色

5. 祭事や諸手続きが スケジュールを左右する

設計者のアドバイスでスムーズに

　工程表を出したり実際の工程管理をするのは施工者の仕事です。工程に関する本来の設計者の業務は、工程表どおりに作業が進んでいるかどうかを確認し、クライアントに報告することです。

　しかし、工期がゆとりをもって組まれているのは稀なので、設計者がほったらかしにすると、引渡しが綱渡りになったり見学会が開催できなくなったりします。

● 地鎮祭は契約前に決める

　地鎮祭をやる場合、工事は地鎮祭が終わらないと始められません。土日、建築吉日、参加者の予定、神社の予定などを重ね合わせると工程が半月程度ずれてしまうことがあります。地鎮祭のために工程が縮まり、工事の安全が損なわれるなら本末転倒ですから、神主を呼ぶ正式な地鎮祭を行うのであれば、契約前に日取りを決めるようにします。

　なお、地鎮祭の吉日はその土地の慣習などに従ってください。一般的には六曜は大安、友引、先勝、先負が吉日です。「三隣亡」は外したほうが無難です。

　私の付き合いのある関東の工務店は地鎮祭はやってもやらなくてもよいというところがほとんどです。クライアントも地鎮祭を希望される方されない方半々ほどです。

　ただ、希望されない場合でも酒、米、塩でお清めする略式の地鎮祭は近隣挨拶や地縄確認をかねて行っています。

神主を呼ぶ正式な地鎮祭

上棟式でも半月ずれる

　地鎮祭は原則雨天決行ですが、上棟は雨天や強風で延期になります。 土日や建築吉日で上棟式の日取りを決めようとすると、やはり工程が半月程度ずれてしまうことがあります。工事関係者をねぎらうのが上棟式の主旨ですから、上棟式のために無理なスケジュールを強いるのは変な話です。どうしても指定の日に上棟式をやりたいのであれば、工程にはゆとりを持たせておくべきです。

　上棟式には神主は呼びませんが、その日作業をした7〜8人の大工や鳶、工務店の社長、監督などが集まります。酒、米、塩で建物の四隅をお清めして、挨拶の後、形式的な乾杯をして終了します。簡単な直会をする場合でも、参加者のほとんどは車なのでお酒は飲めません。小1時間程度で解散となります。

　私のクライアントでは全く何もしない方が1/4、作業終了時にあわせて現場に寄ってご祝儀だけ渡す方が半分、ご祝儀あげてお料理振舞

上棟

うという方が残り1/4という感じでしょうか。

　なお、ご祝儀以外にお土産を渡す場合は赤飯やお弁当などより、雨天延期となっても問題ないものがお勧めです。当日飲めないので、お酒（またはビール）と簡単なおつまみのセットなどが無難だとアドバイスするとよいでしょう。

引渡し時の諸手続き

　引渡し前の期間の手続きで、直接監理者が行うことは完了検査の手配だけです。滞りなく完了検査がおりるように、可能なかぎり早めに予約しておくとよいでしょう。一方、この時期クライアントがやるべき手続きは、さまざまなものが重なります。

　住宅ローン減税を受ける場合は、年内の住民票の移動と住宅ローンの実行が条件になります。また、建物の固定資産税の軽減措置や土地の固定資産税の住宅用地の軽減措置を受ける場合は、年内にメーター類がついて住める状態になっている必要があります。

　引渡しが年末になる場合は、契約のときから気にしておいたほうがよいでしょう。クライアントが手持ち資金を持っていれば、完了検査が終わったものに対してお金を払ってから登記するという流れ、つまり、「完了検査→最終金の振込み→鍵の引渡し→火災保険開始→表題登記→抵当権の設定→ローン実行→引越し→住民票の移動」という形になるのが本来なのですが、通常はローンがおりてからでないと最終金を払えない、住所変更しないと登記が面倒、という条件がつきます。

　表題登記には確認済証が必要ですが、検査済証は必要ないので、完了検査に先立って登記の手続きをしてしまうことが多いです。また、ローンの実行には完了検査が必要なので通常は「住民票の移動→表題登記→完了検査→鍵の引渡し→火災保険開始→抵当権の設定→ローン実行→最終金の振込み→引越し」という順番で手続きをします。上記をスムーズに行うため、引渡し1月半前くらいになったら完了検査の段取りをしつつ、次の手配項目をクライアントに伝えます。

火災保険の見積出し

工事中は施工者の入る火災保険が適用されますが、鍵の引渡し日以降はクライアント側の火災保険が適用されます。**空白期間ができないよう、早めに見積をとって比較検討するように促します。**

新築届けの提出、住民票の移動

住民票の移動に先立ち、工事完成の一月半ほど前に市役所に「新築届」などと呼ばれる住居表示番号取得の届出をします。建て替えでも玄関の位置しだいでは、住所が変わる可能性があります。2週間程度かかることもあることもあるようですので、できるだけ早く提出するよう促します。

続いて住民票を移動します。ただし引越しまでの間に役所から直接その住所地に届いてしまう書類（マイナンバーなど）がある場合は注意してください。

表題登記の手配

表題登記を行う土地家屋調査士を手配するよう促します。銀行によっては司法書士などを指定されることもあるので、まずは銀行に確認、ないようなら、建主自身で探すか、施工者に紹介してもらいます。

表題登記には確認申請書副本が必要です。土地家屋調査士に預ける形になるので、完了検査を民間機関でなく市役所で受ける場合は書類の受け渡しタイミングに注意します。

施工者からは工事完了引渡証明書、印鑑証明、代表者事項証明書を出してもらいます。

住宅用家屋証明書の取得

住宅用家屋証明書を取得すると、所有権の保存登記および抵当権の設定登記の登録免許税の軽減措置が受けられますので、**各種登記に先立ち、住宅用家屋証明書の取得を促します。**申請には確認済証や住民票などが必要です。なお、住宅ローン減税で長期優良住宅や認定低炭

素住宅の制度の枠を使うときも、住宅用家屋証明書が必要になります。

ローン実行日の確認

　フラット35のあるときは、フラットの適合通知を送付してからローンを実行するまで2週間程度の期間が必要になります。年末工期で住宅ローン減税を受けたい場合などは、年末にローンが実行されていないと減税が受けられませんから、特に注意が必要です。
　適合証の発行時期を想定し、その日取りで間に合うか金融機関と調整してもらいます。

オープンハウスの開催可否の確認

　引渡し前後にオープンハウスを開催させてもらうときは、その日時、予約制にするか否か、写真撮影の可否などをクライアントと打ち合わせましょう。
　この時期はエアコンやブラインドの取りつけ、施主塗装と重なることが多いのでスケジュールをうまく調整します。

6. 完成時に渡す建物の「トリセツ」

建物の取扱説明書

電化製品には取扱説明書が必ずついています。これは、製造者の予想を超えた使い方をして安全が損なわれたり、製品が早く壊れてしまったりすることを予防するとともに、製品の性能を十分発揮させるために製品とともに梱包されるものです。

公共系の建築であれば安全性・耐久性が最優先されますが、住宅など、特定少数が使う施設の場合、クライアントが納得すれば意匠性を優先することもありますから、安全性や耐久性は必ずしも万全ではありません。しかし、一定のルールを守るだけで安全、快適に長期間、建物は利用できます。設計者とクライアントの建物の利用イメージが一致していれば、建設後のトラブルも防げます。

私の事務所では、そのルールが記載されたA4用紙3枚程度の取扱説明書を作成しています。引渡し時は、その取説をクライアントと読み合わせ、説明後に署名、印を頂くようにしています。

トリセツに記載すること

取説に記載すべき内容で最重要なのは安全対策です。子供が小さいうちは足がかりになる手すりや開口の大きな手すりにはネットを張るなどの落下対策をしなければならないこと、窓や手すりに沿って家具などを置くと、よじ登って間接的に落下する危険があることを明記します。まさかそんなところから落ちるはずはということがないように、危険箇所の例は列挙しておくとよいでしょう。

転倒対策も記載してください。石やタイル、モルタル金ごてなどは

雨や雪が降ると滑りやすくなります。懸垂などして遊ばないように、ビスでとまっているだけのハンガーパイプ類、手すりなどにはぶら下がらないようにすることも明記しておきます。

各種設備機器の運転についても注意を促します。ガスや石油の開放型機器は一酸化炭素中毒の恐れがあるので絶対に使わないこと、シックハウス対策として24時間設定の換気扇は止めないこと、壁内結露しないよう加湿器を使うときは50％以下を目安にすることなどを明記します。

専門家でないと気づきにくい使用上の注意点も伝えましょう。たとえば、床下に水がまわることがあるので、玄関の水撒き清掃はしないようにすること、カビが生えるので脱衣室がフローリングのときはバスマットを敷きっぱなしにしないこと、シロアリが上がってこないよう基礎に沿って木材などを置かないこと、ガラスの熱われ防止対策としてガラスに沿ってクッションなどを置かないこと、梁がたわまないよう部屋の真ん中に本棚のような超重量物を置かないようにすることなどです。

その他、耐久性を増すために外壁、屋根、デッキなどは定期的に塗装すること、つまりやにおいの防止対策として樋、浴室のトラップは定期的に清掃することなどの日常的な掃除、メンテナンスの頻度なども書いておくと親切です。

そして最後に自然素材は割れ、反り、などがでることを念のため記載しておくとよいでしょう。

265

トリセツの例

○○ ○○邸　使用上の注意点・留意点　　　　　　　　　　　　　20XX.X.X　　i+i設計事務所　飯塚

【安全の確保・危険の回避】

●転落防止には細心の注意をお願いします。

屋外デッキ、階段や吹抜け周りの手すりは、隙間が大きく横桟形式のため足がかりになり得ます。ロフトの手すりや机も足がかりになり得ます。お子様が遊ぶ時や、親戚やお友達の小さなお子様が遊びに来るときなどは、手すりに網をつける等、確実に転落防止措置を講じてください。また、上記機会には、手すりに登ったり乗り越えたりしないよう、お子様に十分危険を説明いただくと共に、できるかぎり親御さんの目の届くところで遊んでもらうようにしてください。

ダイニングのベンチや和室への階段はお子様には危険な段差になり得ますので、上記同様にご注意下さい。

●よじ登りなど、その他の落下防止にも注意して下さい。

デッキ手すり、窓、吹抜け、階段手すりに隣接して家具などを設置するときには、よじ登りや落下にもご注意下さい。また階段途中の窓、ダイニング北西の窓、和室南西の窓、2階トイレの窓などのすべり出し窓や、キッチンやデッキの高所の引違い窓などを開閉したり清掃されるときには転落の危険がありますのでご注意ください。

●雨天時、降雪時、玄関回りの滑り事故にご注意下さい。

ポーチや駐車場のコンクリート部分、玄関まわりのタイル部分は特に滑ることがあります。降雪時、降雨時はご注意下さい。

●トイレ、脱衣室、浴室のすべり事故にご注意ください。

トイレ、脱衣室、浴室の床はぬれると滑りやすくなります。ご注意下さい。浴室、脱衣室やトイレは、乾燥状態を保てば、耐久性の面でも望ましいと思います。

●24時間換気扇は止めないでください。

確認申請では、1階の浴室、1階トイレ、2階トイレの換気扇は24時間動かす設定になっています。止めないでください。

●開放型ストーブなどは使わないでください。

○○邸は高気密住宅です。石油やガスのファンヒーター、開放型ストーブは一酸化炭素中毒のおそれ、及び結露のおそれがありますので使用しないでください（省エネ的観点から考えても不経済です）。

●照明には決められた電球を使用してください。

照明は決められた電球を使用してください。特に蛍光灯専用器具は白熱電球ではなく、必ず蛍光灯を使うようにして下さい。（使用できるLEDはご確認ください）

●予想外の使用をすると、壊れることがあります。

各種家具、各種収納棚、脱衣室の洗面器などの設備機器やキッチンカウンターは人が乗ることを想定していません。また、洗濯物・洋服用の吊りパイプなどは人がぶら下がることを想定していませんので上に乗ったり、ぶら下がると壊れる可能性があり、危険です。

屋外デッキ、階段や吹き抜け回りの手すりをはじめ、室内外の手すりは、万一の事態として起こり得る落下を防止するための措置であり、大勢で寄り掛かったり、意図的に揺らしたり、ぶら下がったりすることを想定していませんので、ご注意ください。

●夏場、デッキは高温になる恐れがあります。

木製デッキは、夏場熱くなることや、ささくれ立つことがあります。原則として履ものを着用ください。

●配線ダクトは感電する恐れがあります。

配線ダクトを使用しておりますが、スイッチをONにした状態でダクト内に指を入れますと感電する恐れがありますので、電灯位置を動かしたり、ダクト付近に触れる際は必ずスイッチをOFFにした状態で触れるよう、ご注意下さい。

【清掃・お手入れ】

●軒樋は定期的に清掃してください。

高所作業となる為、清掃時は転落に注意してください。有償となりますが、工務店に依頼することも可能です。

●換気扇、給気口のフィルターは定期的に清掃して下さい。

目詰まりすると本来の換気の性能が発揮できません。換気扇フィルターは定期的に清掃して下さい。

●浴室トラップは定期的に清掃して下さい。

メンテナンスしませんと臭いの原因になります。特に夏場は特に定期的に清掃して下さい。

【耐久性向上のために】
●玄関土間は水撒き清掃はしないでください。
玄関は、濡れた靴や傘など、多少の水は問題ありませんが、ホースなどで水を撒くと、水がはねたり、床下に水が入ったりする可能性があり、望ましくありません。床の清掃は濡れ雑巾、濡れモップなどで行って頂く方が望ましいと思います。

●浴室を利用後、すぐお湯を抜かない時は、必ず蓋をして下さい。
水蒸気の発生を抑制し、乾燥状態を保てば、カビの発生は少なくなります。お湯を抜かないときは必ず蓋をして下さい。また、入浴後、壁面の水滴をとると良いそうです。浴室入り口床はマットなどを敷きっぱなしにすると床にカビなどが発生しますので、ご注意ください。

●基礎外周部に木材などを置かないで下さい。
材木を積んでおいたりすると、それに沿ってシロアリが上がって来やすくなります。またシロアリが上がってくる時は基礎に蟻道を作りますので、定期的に基礎部をご確認ください。

●油を使ったときはしばらく換気扇を止めない方が良いようです。
油料理をした時は、キッチン換気扇をすぐに止めない方がキッチンは汚れにくくなります。

●デッキ、外壁、屋根は定期的に塗装してください。
ウッドデッキは定期的に塗装してください。また、木外壁についても、定期的な塗装をお願いします。屋根のガルバリウム鋼板は10年の材料保証があり、なにもせずとも、20年程度はもつものと思われますが、定期的（10年おき程度）に塗装していただくと長持ちします。ご検討ください。

●2階床中央やロフトには重量物を載せないでください。
各階は積載荷重、1㎡あたり180kg（約大人3人分）で設計されていますが、この荷重を超える大型本棚のような重量物には耐えられません。

●加湿器の使いすぎにご注意ください。
換気を十分にすると冬期は過乾燥気味になりますが、加湿器を使いすぎると結露が発生しやすくなります。冬季は（相対）湿度50％程度を維持して頂くと建物の耐久性は向上します。

【おことわり】
●無垢材、集成材は反りや割れなどが出る可能性があります。
材料の特性上、家具やカウンターをはじめ、床材、無垢材や集成材は変形がおこる可能性がありますが、ご了承ください。

●壁の仕上材は下地の木材の乾燥収縮によって、割れや隙間などが出る可能性があります。
材料の特性上、内壁は割れや隙間が生ずる可能性があります。

●窓ガラスは結露する可能性があります。
開口部には複層ガラスを使っていますが、複層ガラスの部分も使用状態によっては、結露することがあります。ご了承ください。24時間換気を止めてしまうと起こりやすくなります。

●ガラスは熱割れを起こす可能性があります。
ガラスは、何も外力が加わらなくても、ガラス面内の温度差によってひびが入る、熱割れ現象がおこる可能性があります。特に目隠しフィルムを貼ると、ガラスの熱割れ現象がおこる可能性が高くなります。また、隣接してクッションやパネルを立て掛けたりすると、ガラス温度が場所によって変化し、結果熱割れを起こす可能性がありますので、ご注意ください。

●大型建具は反りが出る可能性があります。
大型の木建具は反りがでる可能性があります。擦れて開け難くなったら、お客様から工務店様にご連絡お願いします。また、家具の扉も経年で調子が悪くなることがあります。開け難くなったら、お客様から工務店にご連絡お願いします。

上記内容について確認しました。　平成　　年　　月　　日

委託者　住所　　　　　　　　　　　氏名　　　　　　　　　印

この「お引渡し内容確認シート」に基づき、委託者様に確認いただきました。

受託者　住所　　　　　　　　　　　氏名　　　　　　　　　印

仕上げ材、色、機器のリストを作る

　日常的な補修や交換、将来的なリフォームなどを考慮すると仕上材や使用機器のリストがまとまっていると非常に便利です。施工者がまとめている時間がなければ、監理者側でまとめておきます。塗装色は日本塗料工業会の番号を使うと再現性があるので理想的です。

仕上材や使用機器のリスト

コンセント・スイッチ類の使い分けは別紙にて

○○邸新築工事		照明・電気設備			2015.11.15
承認	資材名称	器具品番		数量	備考
		メーカー名	型番/色		
済	ダウンライト	パナソニック	LGB74103LE1/ホワイト		LEDユニット交換可能、電球色
済	配線ダクト	パナソニック	色/ホワイト		
済	インターホン	パナソニック	VL-SWD210K	1	
済	スイッチ/一般部	パナソニック	タンブラースイッチ		
済	スイッチプレート/一般部	パナソニック	タンブラースイッチ対対金属プレート		ビスあり
済	スイッチ/その他	神保電気	NKP対応品/ホワイト		ニューマイルドビーシリーズネーム（透明なプラスチックのカバー）なし
済	スイッチプレート/その他	神保電気	NKP/ホワイト		
済	スイッチ/木部・家具部	パナソニック	フルカラーシリーズ/グレイ		ネーム（透明なプラスチックのカバー）なし
済	スイッチプレート/木部・家具部	パナソニック	フルカラーシリーズ色:グレイ		
済	タイマースイッチ	パナソニック	WTC5331WK		あけたらタイマ（1F靴収納内）（キッチンアイランドカウンター内）色:コスモシリーズのホワイトのみ
済	センサースイッチ	パナソニック	WTA1411W		かってにスイッチ・アドバンスシリーズ（1F玄関）
済	コンセント/一般部	神保電気	NKP/ホワイト		
済	コンセントプレート/一般部	神保電気	NKP対応品/ホワイト		
済	コンセント/タンブラスイッチのならび	パナソニック	フルカラーシリーズグレイ		ネーム（透明なプラスチックのカバー）なし
済	コンセントプレート/タンブラスイッチのならび	パナソニック	新金属プレート/ビスあり		
済	コンセント/木部・家具部	パナソニック	フルカラーシリーズ/グレイ		ネーム（透明なプラスチックのカバー）なし
済	コンセントプレート/木部・家具部	パナソニック	フルカラーシリーズ色:グレイ		
済	屋外コンセント	パナソニック	スマートデザインシリーズ/（ホワイト）		
済	壁付外部スポットライト	松本船舶	NEWゼロデッキシルバー	2	玄関ポーチデッキ

済		壁付外部 スポットライト	パナソニック	LGWC45001W ／ホワイト	1		（見積外・追加） （駐車場の奥）
済		エアコン		リビング（隠ぺい配管）			吉田工務店さんで購入
				主寝室			
				子供室　移設			
済		24時間換気扇	パナソニック	FY-08PDS9SD ／ホワイト			AY-W40SV-W ／シャープ 200V
済		24時間給気口	西邦工業	JRA100H ／ホワイト			1Fトイレに設置

○○邸新築工事				家具工事			2015.11.15
		記号・名称	本体・箱物	本体・箱物塗装	建具	建具塗装	備考
済	F1	シューズ クローゼット	シナLC t21 程度 背板：シナ t4 程度	オスモ／ ワンコートオンリー ウォルナット #1261			可動棚： シナ LC t21 も塗装のこと ハンガーパイプ 25 φ程度
済	F2	小上がり和室	シナLC t30 ラバーウッド 集成 t30 構造用合板 t24	バトン／大谷塗料 ナチュラル フィニッシュ			大手　30*30程度（表情が シナに近い材）　畳
済		上記下部 ワゴン	シナLC t21	バトン／大谷塗料 ナチュラル フィニッシュ	シナLC t21	バトン／大谷塗料 ナチュラルフィ ニッシュ	キャスター
済	F3	ベンチ	ラバーウッド 集成 t30 シナLC t21	施主塗装		施主塗装	
済	F4	キッチン アイランド カウンター	シナLC t21 背板： シナ t4 程度	バトン／大谷塗料 ナチュラル フィニッシュ	シナLC t24程度	バトン／大谷塗料 ナチュラル フィニッシュ	天板：タモ集成 t30 棚柱式可動棚：棚柱は露出 可動棚：シナ LC t21、t30
済	F5	キッチン	シナLC t21 背板： シナ t4 程度	バトン／大谷塗料 ナチュラル フィニッシュ	シナLC t21	バトン／大谷塗料 ナチュラル フィニッシュ	食洗器のパネルもシナで 棚柱式可動棚：棚柱は露出 可動棚：シナ LC t21
済		冷蔵庫上部	シナLC t21	施主塗装	シナLC t21		可動棚：シナ LC t21
済	F6	食品庫（東）	シナLC t21 背板： シナ t4 程度	施主塗装			棚柱式可動棚：棚柱は露出 可動棚：シナ LC t21
済		食品庫（西） （外壁側）	シナLC t21 背板： シナ t4 程度	施主塗装			棚柱式可動棚：棚柱は露出 可動棚：シナ LC t21
済	F7	洗面台	シナLC t21				天板：タイル仕上げ
済		ミラーボックス 内部・建具 裏までしっかり 塗装	シナLC t21	バトン／大谷塗料 ナチュラル フィニッシュ	シナLC t21 （鏡付）	バトン／大谷塗料 ナチュラル フィニッシュ	棚柱式可動棚：棚柱は露出 可動棚：シナ LC t21
済	F8	洗濯機 上部可動棚	シナLC t21	バトン／大谷塗料 ナチュラル フィニッシュ			棚柱式可動棚：棚柱は露出 可動棚：シナ LC t21
済	F9	脱衣室 収納可動棚	シナLC t21	バトン／大谷塗料 ナチュラル フィニッシュ			棚柱式可動棚：棚柱は露出 可動棚：シナ LC t21
済	F10	トイレ洗面台	ラバーウッド 集成 t30 シナLC t21	バトン／大谷塗料 ナチュラル フィニッシュ	シナLC t24程度	バトン／大谷塗料 ナチュラル フィニッシュ	天板：ラバーウッド集成 t30 棚柱式可動棚：棚柱は露出 可動棚：シナ LC t21

		記号・名称	本体・箱物	本体・箱物塗装	建具	建具塗装	備考
済	F11	クローゼット	シナ LC t21	バトン／大谷塗料 ナチュラル フィニッシュ			ハンガーパイプ 32 φ 程度 可動棚：シナ LC t21
済		多目的室物干し パイプ（壁付）	スチール 丸鋼 φ19 FB t5	OP 塗装 GN-20 （黒・つや消し）			
		多目的室物干し パイプ（梁付）	スチール 丸鋼 φ19 FB t5	OP 塗装 GN-20 （黒・つや消し）			

施主塗装の範囲を確認のこと（12/16,17 を予定）
・上記家具（冷蔵庫上部棚、食品庫（東）、食品庫（西）、ベンチ）
・階段
・床（フローリング部分）
塗料：バトン・ナチュラルフィニッシュ
道具と塗料は○○様手配

塗装の塗り分けは別紙にて

		塗装工事			2015.11.15		
1	済	窓枠	バトン／大谷塗料 ナチュラルフィニッシュ	一部塗り分け AW2,3 AW9,10,11 EP 塗装（ふき取り）／G22-85B			
2	済	建具枠	バトン／大谷塗料 ナチュラルフィニッシュ	一部塗り分け WIC、子供室 EP 塗装（塗りつぶし）／G22-85B			
3	済	巾木	バトン／大谷塗料 ナチュラルフィニッシュ				
4	施主塗装	階段(1F ～ 2F)	バトン／大谷塗料 ナチュラルフィニッシュ				
5	済	階段手すり	OP 塗装 GN-20（黒・つや消し）				
6	施主塗装	床フローリング	バトン／大谷塗料 ナチュラルフィニッシュ				
7	済	木外壁	シッケンス セトール HLS／ ドリフトウッド	2 回塗り　玄関回り　ツルツル面が表デッキ回り ザラザラ面が表			
8	済	デッキ柱	キシラデコール／シルバーグレイ				
9	済	デッキ	キシラデコール／やすらぎ	2 回塗り　裏面も塗装			
10	済	軒天（玄関、デッキ）	EP 塗装／G22-85B	天井のクロスの色に合わせる			
11		猫侵入防止戸	キシラデコール／やすらぎ	2 回塗り裏面も塗装			
12	済	化粧の柱・梁・束	EP 塗装（ふきとり）／G22-85B	ふきとりは色が薄くなるようにしっかりめにふきとる			

家具は確認表「家具工事」を参照

		タイル・スレート工事			2015.11.15	
1	済	玄関土間	オオムラ／ スレート黒 300 角 4613	目地：イナメジ G4N　ブラック		
2	済	玄関ポーチ	オオムラ／ スレート黒 300 角 4613	目地：イナメジ G4N　ブラック		
3	済	キッチン壁面	平田タイル／メイプルブリック MP-800-R　色：ホワイト	目地：スーパークリーン（キッチン） 色：ホワイト（目地幅はできるだけ細く）		
4	済	洗面壁面	聖和セラミック／ランドマーク 50 角 LM-1/50	目地：スーパークリーン（キッチン） 色：ライトグレー 目地：スーパークリーンのキッチン用を使用する		

			内装工事		2015.11.15
1	済	壁（珪藻土）	ワンウィル　けいそうくん フィニッシュワン	もみがら色（WIC前室部分の天井、寝室入口の建具上 枠部分も）	
2	済	壁（クロス）	クロスリリカラ　LW-766	食品庫、脱衣室、トイレ、クローゼット（子供室衝立壁 は色を変える）	
3	済	子供室衝立 壁（クロス）	エアコンのある側（北側・玄関側）：LW781（紺色） デッキ側（南側）：LW776（鶯色）		
4	済	天井	クロスリリカラ　LW-766	基本色（若干下地をひろってもOK） （一部珪藻土ぬりわけ）	
5	済	和室　畳	半畳敷き（縁なし）・ダイケン畳 t30　4枚	目積／若草色・16 健やかくん	
6	済	床（トイレ、 脱衣所）	CFシート　サンゲツ　PF-4581 （黒）		
7	済	フローリング	オークラスティックグレード UNI 無塗装品	チャネルオリジナル	

			外装工事		2015.11.15
1	済	外壁	ガルバ小波板色／オイスターホ ワイト		
2	済	外壁	レッドシダー羽目板	玄関回り　ツルツル面が表デッキ回り ザラザラ面が表	
3	済	屋根	ガルバ　立平ロック 色／オイスターホワイト		
4	済	軒天	ノキライトEP塗装／G22-85B	天井のクロスの色に合わせる	
5	済	雨どい	ガルバ　半丸　色／アイボリー		
6	済	水切り（ガルバ 部）・破風・唐草	ガルバ　色／オイスターホワイト		
7	済	水切り（木部）	ガルバ　色／パールブラウン		
8	済	コンバイザー	色／マッドステン （＝プラチナステン）		

		外構工事		2015.11.15
	駐車場	モルタル仕上げ　刷毛引き		
	基礎立ち上がり	モルタル仕上げ　刷毛引き	（現場状況を見て追加するかどうかを決定）	

デザイン　dig
イラスト　2g（ニグラム）／辻子

新米建築士の教科書
しんまいけんちくし　きょうかしょ

発行日	2017年　3月20日	第1版第1刷
	2020年　5月　1日	第1版第7刷

著　者　飯塚　豊
　　　　いいづか　ゆたか

発行者　斉藤　和邦
発行所　株式会社　秀和システム
　　　　〒135-0016
　　　　東京都江東区東陽2-4-2　新宮ビル2F
　　　　Tel 03-6264-3105（販売）　Fax 03-6264-3094
印刷所　三松堂印刷株式会社

©2017 Yutaka Iizuka　　　　　　　　　　Printed in Japan
ISBN978-4-7980-5035-5 C0052

定価はカバーに表示してあります。
乱丁本・落丁本はお取りかえいたします。
本書に関するご質問については、ご質問の内容と住所、氏名、電話番号を明記のうえ、当社編集部宛FAXまたは書面にてお送りください。お電話によるご質問は受け付けておりませんのであらかじめご了承ください。